CRONOBIOLOGÍA

LA BIOLOGÍA DEL TIEMPO

Dr. Juan Moisés de la Serna

www.juanmoisesdelaserna.es

PREFACIO

Sería bueno que todos pudiéramos regirnos por el propio tempo, el cual marca el ritmo óptimo a la hora de desempeñar cualquier actuación, además, y como veremos a lo largo del libro, seguirlo va a proporcionar salud.

Cada uno de es un ser único, por lo que sería conveniente que se pudiera aprender a escuchar al propio organismo para saber cuál es el tempo por el que cada uno se rige para, con ello, ajustarse a él, ya que es con el que encontraremos más tranquilos a la vez que podremos realizar las tareas mejor.

Desempeñar las actividades diarias de forma más acelerada al tempo, únicamente traerá estrés y con ello las enfermedades asociadas al mismo.

De igual forma, el realizarlo por debajo del ritmo va a provocar desesperación y aburrimiento.

En este libro se abordará una temática, de gran importancia, tanto para el auto-descubrimiento personal como para las relaciones sociales, pues permitirá acercarnos a los otros con una nueva perspectiva enriquecedora.

Objetivo:
El objetivo del libro es servir como primera aproximación a la rama emergente denominada Cronobiología.

Para ello se tratan los temas más relevantes ofreciendo resultados sobre las últimas investigaciones desarrolladas en los dos últimos años a lo largo del mundo sobre esta materia.

Todo ello explicado con un lenguaje claro y sencillo, alejado de los tecnicismos, explicando cada concepto, de forma que pueda servir como una verdadera guía de iniciación.

Destinatarios:
- Profesionales de la salud que se tienen que quieren profundizar en los efectos del tiempo en la salud
- A profesores que quieren ofrecer información actualizada a sus alumnos sobre los relojes internos.

- A cualquier persona interesada en conocer cómo funcionamos y las influencias que el tiempo tiene sobre el comportamiento y la salud.

Temática
A continuación, se detallan cada uno de las temáticas principales de esta obra:
- El ciclo de la vida: Todos los seres vivos van a estar supeditados por el paso del tiempo y sus consecuencias, y entre ellos los humanos, averigua cómo va a afectarnos este.
- El origen del control del tiempo: Una de los grandes descubrimientos de la humanidad ha sido el comprender y medir el paso del tiempo, lo que le permite realizar predicciones, en este apartado se explora la historia de la medida del tiempo.
- El reloj biológico Se adentra en el concepto del reloj biológico, y de cómo en realidad el humano tiene más de uno de estos relojes que ayudan a mantener el correcto funcionamiento del organismo.

ÍNDICE

Dr. Juan Moisés de la Serna

Dedicado a mis padres

AGRADECIMIENTOS

Aprovechar desde aquí para agradecer a todas las personas que han colaborado con sus aportaciones en la realización de este texto, especialmente a Dª Vilma Aho, Biocientífica, investigadora del Equipo del Sueño de Helsinki, Instituto de Biomedicina, Universidad de Helsinki (Finlandia) y a D. Ricardo López Pérez, investigador de la cura del cáncer y Director del Departamento de I+D+I de Immunostep.

AVISO LEGAL

No se permite la reproducción total o parcial de este libro, ni su incorporación a un sistema informático, ni su transmisión en cualquier forma o por cualquier medio, sea éste electrónico, mecánico, por fotocopia, por grabación u otros medios, sin el permiso previo y por escrito del editor. La infracción de los derechos mencionados puede ser constitutiva de delito contra la propiedad intelectual (Art. 270 y siguientes del Código Penal).
Diríjase a C.E.D.R.O. (Centro Español de Derechos Reprográficos) si necesita fotocopiar o escanear algún fragmento de esta obra. Puede contactar con C.E.D.R.O. a través de la web www.conlicencia.com o por el teléfono en el 91 702 19 70 / 93 272 04 47.

© Juan Moisés de la Serna, 2016
Primera Edición Abril del 2016
Colección: CronoPsicología
ASIN: B01E158FME
Depósito Legal: COI-157-2015

CAPÍTULO 1. EL MAYOR DESCUBRIMIENTO DE LA HUMANIDAD

Si se para uno a mirar a su alrededor, y pensar cómo vivían sus padres cuando tenían su edad, se puede comprender que se ha dado un gran paso en cuanto a avances tecnológicos se refiere. Ellos, hace 40 años, desconocían por completo la telefonía móvil, y los términos Facebook, Twitter o WhatsApp tan comunes en la actualidad, y que por aquel entonces eran impensables.

Pero si pensamos en los padres de nuestros padres, hace ya 80 años, los cambios son aún mayores comparados con cualquiera de nuestros días, en el que amanecemos con el despertador del móvil, donde podemos revisar si hemos recibido mensajes de cualquier parte del mundo, ver la predicción del tiempo para hoy; igualmente la televisión de plasma puede amenizarnos el desayuno, y de camino al trabajo o a la escuela podemos ir revisando los mensajes en la BlackBerry o escuchando el último concierto del ídolo del momento en el iPod.

Estamos tan acostumbrados a la tecnología y a su avance, que se hace difícil comprender el concepto de civilización sin ella. De hecho, precisamente uno de los ejes por los que se define el primer mundo es por el acceso a la tecnología y a los avances que proporciona en los distintos campos como en la medicina.

Los países en vías de desarrollo son aquellos que poco a poco van incrementando su uso tecnológico, además de ir incorporando infraestructura, como pavimentación, autopistas, pero también tendido eléctrico que ilumine las calles o permita el control del tráfico mediante semáforos.

Pero para los del tercer mundo o los países subdesarrollados, todo esto le es tan lejano, como al padre de nuestro padre, cuando éste era joven.

Han sido tantos cambios en tan poco tiempo, y somos tan diferentes a lo que habíamos venido siendo que algunos científicos incluso han llegado a proponer que encontramos ante un nuevo paso evolutivo de la especie humana, ante el homo tecnológico, dejando así definitivamente atrás al homo sapiens, el cual surgió hace ya miles de años.

Han sido muchos los avances que la presente civilización ha ido experimentando a lo largo de su historia hasta llegar al desarrollo actual donde vemos como normal, avances que hace sólo un siglo se consideraba como excepcional, como la electricidad, que ilumina cada espacio de nuestras ciudades, ya sea con los carteles luminosos publicitarios, los semáforos o las farolas públicas; o el uso masivo de Internet y de la comunicación a distancia, a través de tabletas u otros dispositivos móviles, pudiendo en la actualidad utilizar trenes en Japón que se deslizan por el aire soportados por grandes campos magnéticos o subirnos en el famoso tren bala de China, que atraviesa la meseta de Yunnan-Guizhou, a una media de doscientos cincuenta kilómetros a la hora, lo que le permite reducir casi a la mitad el tiempo que antes se invertía en este recorrido.

Inventos que forman parte de nuestra cotidianidad, pero que apenas hace unas décadas era impensable, un avance que parece ser cada vez más acelerado, produciéndose en un año, lo que antes llevaba décadas, y que permite que los sueños sean cada vez más alcanzables, y que incluso tengamos fecha para la colonización de nuevos planetas, al menos así lo afirman desde a N.A.S.A., quienes ya están seleccionando y preparando a los que serán los primeros exploradores del gigante rojo, Marte.

Desde el 2012 está siendo observado de cerca por el Curiosity quien, desde entonces no ha dejado de enviar imágenes sobre su superficie, además de otra información que se considera vital para poder diseñar lo que sería la primera colonia de la humanidad fuera de la Tierra.

Un desarrollo lleno de luces y sombras, en donde los países del primer mundo, se han convertido en los grandes consumidores de cualquier avance que va surgiendo cada día, y todo ello a costa de los países menos desarrollados, convertidos en mano de obra barata para la explotación de los recursos mineros y petroleros de sus tierras, o convertidos en manufactureros, donde las fábricas se encargan de generar nuevos productos de consumo.

Este avance tecnológico además ha ido acompañado de un incremento en la atención y la calidad sanitaria, permitiendo tratamientos en el corazón o en la cabeza que eran inimaginables apenas hace una década, donde la resonancia magnética posibilita intervenciones quirúrgicas basadas en modelos en tres dimensiones del propio paciente.

Una mejora en la calidad de vida que se ha visto acompañado de un incremento de la diversidad en la alimentación que podemos encontrar en cualquier supermercado, procedente de Colombia, Bélgica o Marruecos. La chirimoya, el aguacate, las granadas o los dátiles se han convertido en parte de nuestros menús diarios, ya que están disponibles en cualquier época del año.

Todo esto, unido a otros factores, parecen ser clave para el incremento de la esperanza de vida, que ha pasado de los veinte y pocos, de hace unos cientos de años, a los cuarenta y pocos, de las generaciones pasadas, hasta casi los ochenta de la actual en países como Japón o España.

Se puede concluir que ahora somos más sanos, vivimos mejor y además más años y todo ello gracias al avance de la ciencia, que a pesar de su gran complejidad actual de la química orgánica o la física cuántica, únicamente se han considerado a unos pocos de estos descubrimientos como los responsables de haber cambiado drásticamente el curso de la historia de la humanidad, sin los cuales no habríamos podido llegar a lo que somos, ni como especie ni como civilización, y teniendo claro que sin los mismos, permaneceríamos en las cavernas como nuestros ancestros en la noche de los tiempos.

Aunque no existe un consenso unánime entre los científicos y pensadores sobre los principales motores de la evolución social, se suele considerar a los siguientes como los mejores candidatos:

1) La capacidad de manipulación del fuego, lo que permitió sobrevivir a los fríos más intensos del invierno, así como cambiar el modo de alimentación al poder cocinar o ahumarlo, evitando así que estos se estropeen e incluso que puedan trasmitir enfermedades que en los primeros momentos podían diezmar a la población existente.

Con el tiempo se convertirá en elemento esencial para el desarrollo de procesos tan determinantes como el de la fundición, con lo que se iniciará uno de los períodos más convulsos de la historia, la edad de los metales, donde un arma echa de metal era decisivo para cualquier contienda y batalla.

Y si al principio estas eran de hierro fundido, el descubrimiento del cobre, más maleable pero también más duro, hizo que muchos ejércitos cayesen frente a los que habían conseguido dominar el secreto del fuego en beneficio propio.

Pueblos como los persas, que habían llegado hasta Asia, o los mongoles, que habían conquistado todas las estepas e incluso parte de Europa, se vieron superados por las modernas armas y armaduras relucientes de los soldados y centuriones de ejércitos tan ordenados y organizados como los romanos, cuyas espadas eran capaces de romper la de sus contrincantes con un solo golpe.

El uso de metales como el acero se ha hecho extensivo en todo tipo de vehículos y aparatos, aunque actualmente y gracias a la nanotecnología han surgido multitud de nuevos materiales y tejidos, que cumplen funciones concretas, como la de la memoria que permite recuperar el estado original del vehículo después de una colisión, o ropa impermeable al agua y a las manchas.

2) El desarrollo de la agricultura junto con las habilidades para criar y domesticar animales en cautividad, fueron pasos fundamentales para el abandono de la vida nómada y migratoria, lo que permitió realizar los primeros asentamientos al garantizarse el medio de subsistencia durante todo el año.

Aunque actualmente siguen existiendo pueblos nómadas que van trashumando en busca de pastos verdes para sus ganados, la mayoría de los pueblos se han asentado en lugares acotados, que consideran su territorio, lo que ha propiciado las luchas por poseer terrenos más allá de las propias lindes.

3) El invento de la rueda fue un elemento imprescindible ya que posibilitó el desarrollo de las primeras máquinas tan importantes como la polea, esenciales para las edificaciones y posteriores avances arquitectónicos; igualmente simplificó las tareas de transporte, permitiendo el traslado de materiales a grandes distancias.

4) El desarrollo del cemento, lo que posibilitó pasar de las pequeñas aldeas a construir las grandes urbes, cuyo precursor fue ampliamente utilizado por los romanos mezclando cenizas de volcán con cal viva, denominado cemento Puzolánico, en referencia al nombre de las canteras de donde se extraían, próximas al Vesubio.

Permitiendo la creación de enormes arcos y bóvedas hasta ese momento imposibles. Hoy en día se pueden visitar muchos de estos monumentos erigidos hace miles de años, diseminados por la capital del Imperio Romano como el Coliseo (Anfiteatro de Flavio), las termas de Caracalla o el Panteón de Agripa.

5) La creación y perfeccionamiento del lenguaje, sobre todo el escrito, como vehículo indispensable de difusión del conocimiento, superando así las limitaciones del aquí y del ahora, pudiendo transmitir mensajes a personas que se encuentran en lugares muy distantes e incluso en épocas diferentes.

6) El desarrollo de las matemáticas, como lenguaje universal y medio de comprensión del entorno que rodea, lo que ha facilitado acercarnos al entendimiento de los diminutos microorganismos y a las estrellas más alejadas.

Pero todos estos ingenios y desarrollos palidecen ante uno, que se ha convertido en imprescindible para nuestro día a día allá donde encontremos, el reloj. Un invento que trata de dar cuenta de un fenómeno que ha marcado todo acontecimiento de la vida de la humanidad, y del resto de los seres vivos, desde que surge hasta su fin, el necesario e ineludible paso del tiempo.

La simple observación de su transcurrir ha maravillado a la humanidad desde sus albores, ya sea para adaptarse a las condiciones climáticas de cada estación, recoger los frutos tras la época de la floración, o simplemente al comprobar cómo van creciendo los recién nacidos, aumentando así el número de miembros del clan.

Entre las muchas evidencias de dicho transcurrir, quizás el más llamativo a la vez que intrigante ha sido el suscitado por la enorme variación de luminosidad a lo largo del día, que descendía hasta desaparecer.

Si el día proporcionaba luz y calor, la noche, por su parte, traía oscuridad y la bajada de temperatura, lo que ha sido motivo de gran temor para nuestros antecesores, que, a diferencia de otras especies animales, no estaban especialmente adaptados para sobrevivir en ausencia de luz, pues su buena visión, tan necesaria para la caza, a esas horas era bastante limitada.

Para lo cual fue muy útil uno de los primeros descubrimientos, ya comentados, el domino del fuego, el cual no les era del todo desconocido, ya que lo habían encontrado de forma natural, en los árboles prendidos tras caerle un rayo, o en las zonas de actividad volcánica.

Este descubrimiento les otorgó un nuevo estatus en la cadena alimenticia, ya que podían usarlo como arma o para preparar la comida cazada. Igualmente era muy útil para protegerse de los depredadores que a menudo merodeaban por las inmediaciones de los lugares en donde se refugiaban.

Además, no tardarían demasiado en servirse de otras propiedades como la de generar calor, tan importante para las noches más frías o las estaciones invernales; y de su luminiscencia, algo fundamental para la vida en las cavernas escasamente iluminadas por pálidos rayos de Luna.

La admiración por el ciclo día-noche y sus efectos en los seres vivos, ha sido uno de los fenómenos que más han influido en la cultura de los primeros pueblos, enraizándose profundamente en sus tradiciones y creencias, generando a su alrededor multitud de mitos y leyendas que tratan de dar cuenta de este extraño fenómeno, en el que se ven implicados dos grandes cuerpos celestes, el Sol y la Luna.

El primero de ellos está asociado con la vitalidad ya que a partir de que surgía la claridad, subía la temperatura, y la mayoría de los seres vivos recuperan su movimiento saliendo del letargo de la noche; iniciando la actividad del día.

Los varones homínidos salen a cazar, mientras que las hembras se quedan para realizar las tareas de recolección de las frutas silvestres de la zona. La caza se convierte así en el eje de la vida social, donde una buena pieza es celebrada por todos, ya que proporcionará alimento para varios días.

Así el sol se ha convertido en el símbolo que representa al mundo masculino, la fuerza y vitalidad de la naturaleza, considerado por algunas culturas como la deidad principal y padre del resto de deidades; pudiendo encontrarse numerosos ejemplos de ello a lo largo de toda la Tierra, desde las civilizaciones bañadas por el Mediterráneo como la egipcia (Ra) o la griega (Helios), a las americanas como la Azteca (Tonatiuh) o la Inca (Inti), o las asiáticas como la China (Ri Gong Tai Yang Xing Jun). Además, esa cálida y vital bola de fuego parece describir en el cielo siempre el mismo trazado a modo de camino que comienza en el Este por donde sale, pasando por el cenit, a mediodía, hasta llegar al Oeste en donde se pone; trayecto que ha sido recogido por diversas tradiciones como que el Astro Rey era trasladado por un carro o barca solar a lo largo de la bóveda del cielo, del cual regresaba pasada la noche.

Una poderosa convicción que tuvo que esperar para poder ser explicada al siglo XVII por Galileo Galilei. Se trata de un efecto visual provocado por la rotación de la Tierra sobre su propio eje con un movimiento continuo hacia el Este, lo que hace que, tomándonos como referencia, cualquier astro externo parezca que gire en sentido contrario, tal y como le sucede al Sol, al que se le ve pasar por el firmamento de Este a Oeste.

Pero quizás el fenómeno más misterioso y atrayente, que ha sorprendido y encandilado por igual a la humanidad ha sido el originado por el astro más próximo a la Tierra, la enigmática Luna.

La actividad que se lleva a cabo por la noche es muy distinta a la del día, es el momento que aprovechan los mayores para transmitir su sabiduría y experiencia a los más jóvenes, utilizando cuentos y fábulas que les ayuden a recordar sus enseñanzas, reunidos al calor de una hoguera, antes de ir a descansar hasta el amanecer del nuevo día.

Y todo ello bajo la supervisión de ese brillante cuerpo celeste que en ocasiones parece iluminar tanto como el Sol, y al cual suele acompañar una bajada notable de temperatura, a parte de la oscuridad y el surgimiento de millones de diminutos puntos brillantes en el firmamento.

Al único satélite de la Tierra se le han atribuido llamativas características, desde, quizás sobre el que existe mayor consenso, influir en las mareas, hasta el más discutido, liberar instintos primitivos en los humanos.

Por todo lo anterior, la Luna tradicionalmente ha sido asociada al mundo de la sutileza y delicadeza, siendo representada como una deidad femenina, ya sea entre los pueblos del Mediterráneo, como la egipcia (Isis) o la griega (Artemisa), de las americanas, como la Azteca (Coyolxauhqui) o la Inca (Mama Quilla), o las asiáticas como la China (Chang E).

Ese drástico cambio de luminosidad entre el día y la noche, permitió a nuestros antepasados empezar a darse cuenta que algo fuera de su entendimiento afectaba a todos los seres vivos de forma inevitable, el paso del tiempo.

Cada nuevo amanecer, era un día de vida más para aquellos primeros homínidos, que poco a poco van tomando conciencia de la importancia de atender a esas variaciones para poder comprender lo que sucede a su alrededor.

Pero a diferencia del Sol, que se puede observar siempre con la misma esfericidad, la Luna parece cambiar de forma a medida que pasan las noches, viéndose más o menos redonda según la fase en la que se encuentra.

Iniciando el ciclo lunar desde su aparente forma más completa y redondeada, similar a la del Sol (Luna Llena o Plenilunio), pasando por una posición en la que únicamente se muestra una pequeña porción semicircular de su superficie hacia la derecha (Cuatro Creciente), hasta desaparecer, dejándose de ver por completo (Luna Nueva o Novilunio o Luna negra), para luego volver a presentarse poco a poco ahora por la parte de la izquierda (Cuarto Menguante), hasta completar el ciclo con la Luna Llena de nuevo.

Un fenómeno astronómico que empezó a registrarse, dado su ciclo predecible de veintinueve días, durando una semana en cada fase. Tras comprobar cómo se iban sucediendo de forma exacta los cambios lunares, se pensó que esa podía ser una buena medida del tiempo, para poder, de alguna forma, comprender el cambiante mundo que les rodeaba.
Y así es como surgió el primer calendario, basado precisamente en las lunas, lo que permitía contar cada cuántos ciclos aparecería la abundante primavera o cuándo tendrían que emigrar por la aparición de los primeros fríos que anunciaban el duro invierno; lo que dio origen a los primeros registros sobre cambios estacionales.
Pero no han sido sólo estos fenómenos que se repiten con cierta regularidad los que han asombrado a la humanidad, dejando constancia, primero mediante pictogramas para pasar luego a la lengua escrita. En distintas latitudes encontramos registros de las apariciones de fenómenos atmosféricos extraños, como las auroras o de cuerpos cósmicos que, atravesando la gran bóveda celeste, como antiguamente se denominaba al cielo, van dejando una luminosa estela.
En cambio, otros muchos fenómenos pasaron desapercibidos pues carecían de regularidad suficiente, aunque gracias a las crónicas de la época tenemos noticias de ellos, tal y como auroras, terremotos, inundaciones o sequías.

Un mundo remoto lleno de cambios imprevisibles que intentaban ser comprendidos por nuestros antecesores, utilizando inicialmente para ello explicaciones basadas en grandes fuerzas de la naturaleza que se comportaban caótica y caprichosamente, muchas veces personificadas en sus deidades mitológicas, a los cuales en muchos casos se adoraba e incluso se realizaban ofrendas para obtener su beneplácito y alejar su ira.

Ejemplos de ello los tenemos repartido por toda la geografía del mundo en las tradiciones y culturas de nuestros antecesores, así podemos encontrar referencias a deidades como Thor, deidad del Trueno en la mitología nórdica; Namazu, deidad japonesa de los terremotos; o Eolo, deidad griega de los vientos.

Pero la curiosidad humana no se quedó ahí, el paso siguiente a la acumulación por años de estos minuciosos registros, fue buscar, en la medida de lo posible, algún tipo de explicación, una relación entre estos eventos externos que tenían tanta influencia en las condiciones de vida, afectando tanto a la caza como a la cosecha.

Quizás la relación más evidente se encuentre al observar diversos cambios en la naturaleza, a nivel climatológico que acarrea multitud de pequeñas variaciones en cuanto a disponibilidad de alimentos y agua, como a medida que lo hace cada una de las cuatro estaciones a lo largo del año.

En primavera, florecen las flores y surgen los frutos, a la vez que se aparean los animales para procrear; todo parece ser propicio para la vida.

En verano, se incrementan las temperaturas y disminuyen las lluvias y en algunos lugares el agua disponible es tan escasa que obliga a trasladarse hacia localizaciones más benignas.

En otoño, considerado como un tiempo de transición, donde se suceden los cambios de temperatura, con las frecuentes lluvias y la caída de las hojas de los árboles, es además cuando los pájaros emigran buscando lugares más cálidos.

En invierno, por contraposición al verano, es la época de más frío, donde la luz es más tenue, las noches más largas y la vegetación y los animales escasean en las latitudes más elevadas.

El interés ya no se limitaba a dejar por escrito aquellos fenómenos y tratar de darle un significado, sino que se empezó a buscar la posibilidad de predecirlos y con ello buscar alguna forma de prepararse tanto para remediar en lo posible las adversidades, como para aprovechar los buenos momentos.

Todavía no se regían por los años de 365 días, tal y como los conocemos hoy, sino que se guiaban por las estaciones, empezándose a usar para conocer la edad de cada uno, por el número de primaveras que había vivido, tal y como siguen usando todavía algunos pueblos que mantienen un contacto directo con la naturaleza.

Pero en la antigüedad no sólo se han interesado por la observación de los acontecimientos atmosféricos o astronómicos, sino también por todo aquel fenómeno que pudiese afectar al normal desarrollo de la vida, tal y como lo muestran los antiquísimos registros del nivel de las aguas con el que se intentaban predecir las inundaciones del Nilo en el Egipto antiguo.

Para ello se desarrolló un invento denominado nilómetro, a través del cual se realizaban mediciones anuales del nivel máximo de caudal alcanzado en la época de las lluvias en distintos lugares para saber si esa agua inundaría los campos o si ese año habría sequía.

Se calcula que en su momento hubo hasta quince nilómetros distribuidos en todo el curso del río, desde la isla de Elefantina (Asuán) en el Nilo Alto hasta el de Rawdan o Roda (El Cairo) en el delta del Nilo, pero ¿Cómo llegaron a la conclusión de que había pasado un año?

Para poder tener un buen sistema de predicción, primeramente, la humanidad debía desarrollar una medida efectiva del tiempo, para lo cual se inició una intensa carrera por mejorar el sistema de evaluación cada vez más preciso que aún hoy en día se continúa.

De ésta necesidad surgió el calendario lunar, donde un ciclo completo de la Luna se consideró como la unidad de medida del tiempo denominada mes lunar o lunación, de lo cual existen algunos registros en hueso del tiempo del paleolítico. Utilizado actualmente por algunas religiones, como la musulmana, para el cálculo de las fechas en que celebrar sus festividades más importantes como el Ramadán.

Los primeros habitantes del imperio egipcio lo abandonaron para empezar a calcular el tiempo en función del movimiento aparente del Sol, un sistema bastante simple de contabilizar el transcurrir de los días; de ésta medición surgió el calendario solar tan extendido en la actualidad.

Éste invento ha posibilitado situarnos en un presente, pudiendo conocer la distancia en siglos, lustros, décadas, años, meses o días que hay con respecto a un determinado acontecimiento del pasado.

Dicho calendario fue perfeccionado definiéndose con trescientos sesenta y cinco días e implantado por Julio César en todo el Imperio Romano en la primera mitad del siglo I a.C., estableciéndose cada 4 años los bisiestos, donde se añadía un día extra.

A pesar de lo ajustado de los cálculos todavía se producía cierto desfase con respecto al año natural o astronómico (el tiempo que tarda la Tierra en dar la vuelta al Sol), y no fue hasta que el Papa Gregorio XIII lo modificó implantando un nuevo calendario que lleva su nombre, siendo el más extendido y utilizado actualmente.

Estableciéndose de ésta forma el año solar o tropical (el tiempo transcurrido en pasar el Sol entre dos equinoccios iguales, por ejemplo, de primavera a primavera) en 365 días, 5 horas, 49 minutos y 12 segundos; siendo esas horas, minutos y segundos los que se corrigen gracias a los años bisiestos.

Una evolución del calendario solar, es el que tiene en cuenta tanto el ciclo lunar como el solar, denominado lunisolar, para lo cual precisa de aplicar complicadas fórmulas matemáticas, y ha sido adoptado únicamente por unos pocos pueblos en la actualidad, como el judío o el chino.

Un asunto en el que tampoco se ha alcanzado un consenso ha sido a la hora de determinar a partir de qué momento se inicia el calendario, es decir, decidir lo que se tiene en cuenta para establecer el año cero.

En el calendario más extendido, el Gregoriano, al igual que lo fuese el Juliano, se inicia a partir de la fecha en que se estima que nació Jesús-Cristo, indicándose las fechas según hubiesen sucedido antes de dicha fecha, a.C. (antes de Cristo) o más tarde, d.C. (después de Cristo).

En cambio, otras religiones estiman el momento cero de sus calendarios a partir de otros hechos relevantes para ellos, como el caso de los judíos que lo inician 3761 a.C., fecha de la formación de la Tierra según cálculos basados en el Génesis; los musulmanes a partir del inicio de la Hegira (migración de Mahoma de la Meca a Medina) en el 622 d.C.; los budistas a partir del nacimiento de Buda Guatama, en el 563 a.C.
Éste invento que como hemos visto ha tenido un amplio desarrollo a lo largo de la historia de la humanidad, actualmente se ha convertido en parte indispensable de nuestra vida, de hecho, es necesario incluso para determinar el número de años que tenemos.

CAPÍTULO 2. EL CICLO DE LA VIDA

Como se ha comentado hasta el momento, en la naturaleza existen fenómenos puntuales e impredecibles, casi caprichosos, que se producen de forma inesperada y no se ajustan a ninguna regularidad, tal y como sucede con las tormentas eléctricas o corrimientos de tierra.

Pero no todo en la vida es cíclico, de hecho, los climatólogos hablan de singularidad, cuando se produce un fenómeno raro e inesperado, que es difícil de ver en otra ocasión, y que se debe a la confluencia de circunstancias tan especiales y específicas que es difícil que en otro momento puedan volver a confluir esas mismas fuerzas de la naturaleza para provocar esa singularidad.

En cambio, existen otros fenómenos más predecibles, precisamente porque se repiten con cierta regularidad, tanto atmosféricos como la época de huracanes (en EE.UU. se producen entre agosto y septiembre) o de los monzones (en el sur de Asia se presentan de junio a septiembre); como astronómicos como las Lágrimas de San Lorenzo o Perseidas (aparecen sobre la primera quincena de agosto) o algunos de los cometas que orbitan alrededor del Sol.

¿Sabías que...?
El cometa Halley se acerca a la Tierra cada 76 años de promedio, fue registrado y calculada su órbita por primera vez en 1705 por Edmond Halley a quien debe su nombre y la última vez que visitó fue 1986, teniendo que volver a pasar próximo a la órbita de la Tierra para el año 2061.

Pero esta regularidad no sólo afecta a los fenómenos atmosféricos o astronómicos; por poco que fijemos en la naturaleza, daremos cuenta de que todo a nuestro alrededor parece estar sometido de una forma u otra a cierta regularidad.
Los seres vivos, por su parte siguen un cierto patrón regular, un plan prescrito en nuestro código genético que inevitablemente todos deben cumplir denominado el ciclo de la vida, el cual consta de varias fases, siendo su número diferente según el autor que se consulte.
En éste caso vamos a adoptar la denominación más común y conservadora que divide al ciclo de la vida en seis etapas por los que todo ser vivo ha de pasar necesariamente a lo largo de su vida, nacimiento, crecimiento, desarrollo, madurez, ocaso y muerte.
Aunque a veces, algunas de éstas etapas pueden producirse de forma tan rápida que son casi inapreciables, como en el caso de la mosca de la fruta o del vinagre (Drosophila Melanogaster) cuyo ciclo de vida, escasamente es de dos semanas de duración, toda una eternidad si la comparamos con la mosca de mayo o de Pescar (Ephemerellidae) que vive entre uno y dos días.

En el extremo opuesto encontraríamos a los animales más longevos, que pueden vivir décadas cada etapa, entre los que se encuentran las tortugas gigantes de las Galápagos que pueden vivir hasta 180 años, menos conocida es la ballena de Groenlandia o Boreal (Balaena mysticetus) que puede llegar hasta los 200 años.

En el mundo vegetal el ciclo vital es muy similar al comentado, germinación, crecimiento, florecimiento y producción de semillas, y por último mueren; aunque su ciclo se produce de forma tan lenta que pueden, por comparación con nuestra vida, llegar a parecernos inmortales.

El pino de Colorado (Pinus aristata) puede vivir unos 1500 años; mientras que las secuoyas gigantes (Sequoiadendron) que son los vegetales más grandes del mundo, ya que llegan a alcanzar una altura de más de cien metros, pueden llegar a duplicar la vida del pino de Colorado.

Si fijamos en los cuerpos celestes como planetas y estrellas, aparentemente estáticos e inertes, ajenos a cualquier cambio; estos también están sometidos a su propio ciclo, de formación, crecimiento y muerte, sólo que en vez de realizar los cálculos en años se realiza en millones y miles de millones de años.

El ser humano, como no podía ser de otro modo, se ajusta al mismo ciclo de la vida que rige a todos los seres vivos, pudiéndose distinguir varias fases a lo largo de su vida, nacimiento, infancia, pubertad, adolescencia, madurez, ancianidad y muerte.

Un proceso que, en la raza humana, a pesar de ser universal, muestra considerables diferencias en función del país donde se nazca, y dependiendo de la esperanza de vida de cada lugar.

Existen múltiples factores que pueden explicar estas diferencias, empezando por el desigual desarrollo socio-económico, el privilegiado acceso a los avances médicos y tecnológicos, el nivel de seguridad, la calidad de vida, el necesario acceso al alimento o al agua... entre otros.

Actualmente, los países desarrollados tienen una esperanza de vida muy por encima del resto del mundo, situándose en algunos casos por encima de los 80 años, como en el caso de Suiza, España o Australia; mientras que, en otros, a los que escasamente llegan los beneficios de los descubrimientos médicos o debido a las continuas guerras tribales, se sitúan en la cola en cuanto a esperanza de vida, llegando a tener únicamente 50 años de media, como en el caso de Sierra Leona, Zambia o Afganistán.

Independientemente del país en que se viva, se han conocido casos de personas centenarias, que han sobrevivido con creces a todos los de su generación; estos están repartidos por toda la geografía del planeta, desde Australia, a Barbados, pasando por Cabo verde o Islandia; pero todos fallecían cuándo se aproximaban a la cifra de 120 años, lo que se ha dado a conocer como nuestro límite biológico.

De los miles de millones de habitantes de nuestro planeta, apenas un puñado han podido llegar a vivir tantísimo tiempo, por lo que se puede estimar que estamos ante el tope de nuestra especie, al que todavía llega una mínima parte de la población.

A pesar de que el límite parece ser todavía inalcanzable para la mayoría, se ha producido un incremento notable en muchos de los países desarrollados y en vías de desarrollo, tal y como en Latinoamérica, que en el último siglo ha aumentado hasta 45 años la esperanza de vida de sus habitantes.

Algunas voces acreditadas como la O.N.U. (Organización de Naciones Unidas) informan de un próximo problema mundial en cuando al incremento excesivo de población de mayores, debido a la falta de guerras y a la abundancia en el acceso a comida y agua, además de a las mejoras médicas y tecnológicas cada vez más eficaces para aumentar la calidad de vida de la población mayor.

El previsible problema no está tanto en que habrá cada vez más población envejecida, sino que esto se produzca en países con una baja tasa de nacimientos, como en el caso de algunos países europeos o Japón; lo que es insuficiente para mantener la actividad económica del país y con ello garantizar el mantenimiento de niveles óptimos de los servicios sociales que tanta falta hacen a partir de una edad.

Hoy en día, se mantiene abierta la discusión sobre el límite de la supervivencia del ser humano, considerando que éste va a estar determinado por el propio desarrollo de la ciencia, tanto en lo que respecta a los avances en cuanto a trasplantes de miembros y órganos del cuerpo humano; a avances en medicinas más eficaces; o a regeneración celular.

Es indudable el avance en los últimos años en cuanto a cirugía reconstructiva, que busca paliar las lesiones o perdidas de algún miembro u órgano, además actualmente se realizan con relativa facilidad, "sustituciones" de componentes del organismo que han dejado de funcionar por enfermedad congénita o adquirida.

Día a día, tenemos noticias de nuevas hazañas en éste campo que es tan importante a medida que se va envejeciendo, ya que la probabilidad de sufrir algún accidente con su consiguiente lesión es mayor.

Además, aun sin accidente, por el simple desgaste del organismo, es preciso en muchos casos realizar intervenciones quirúrgicas impensables hace unos pocos años, y que, unidos a los ejercicios de rehabilitación posoperatorios, ofrecen una mayor esperanza de vida y con mejor calidad.

El Personaje...
El Doctor Pedro Cabada, en pocos años se ha convertido en un referente mundial respecto a la cirugía reconstructiva. Entre sus muchos éxitos alcanzados está el de ser el primero del mundo en realizar un trasplante simultáneo y bilateral de piernas.

Pero no todos ven ventajas de extender la vida humana tanto tiempo, ya que no hace sino incrementar las posibilidades de un próximo problema mundial de difícil solución, el de la superpoblación. Un tema crucial para la F.A.O. (siglas en ingles de Organización de las Naciones Unidas para la Alimentación y la Agricultura), que unido con el cambio climático y la expansión de la agricultura pueden, en un futuro próximo, poner en grave riesgo a la estabilidad alimenticia del mundo.

Según los informes que manejan, ésta superpoblación y con la misma producción mundial de alimentos, provocará que las naciones se vean abocadas a luchar entre ellas por estos recursos insuficientes para satisfacer todas las necesidades.

Un panorama poco alentador, que refleja la delicada relación con el medio ambiente, del cual dependemos y tenemos que aprender a respetar para garantizar nuestra propia supervivencia.

De hecho, algunos científicos, a cuya cabeza se encuentra el tecnólogo Raymond Kurzweil, afirman que, si se dispusiese de la tecnología adecuada, el ser humano podría ser inmortal, "reparándose" cada vez que lo precisase, para así continuar con su existencia.

Un deseo por conservarse más allá de los siglos, donde día a día se están realizando extraordinarios progresos, y ya no sólo en cuanto a tratamientos regenerativos o cirugías reconstructivas, como hemos comentado, sino también en cuanto a servicios a personas de edad avanzada denominado atención socio-sanitaria. Un cuidado especializado que incide directamente en el incremento de calidad de vida y con ello en el aumento de la esperanza de vida de los mayores.

Aun y con todo, todavía se desconoce hoy en día cómo enfrentarse a uno de los retos más importantes de la ciencia médica, el cerebro.

Un órgano, parte del sistema nervioso, que de momento no se puede remplazar, ni por el de otra persona ni por uno artificial. Y esto es debido a que es el más complejo del cuerpo humano, no sólo en su estructura, formada por millones de neuronas (sustancia gris), que a su vez están conectadas entre sí, por un intrincado sistema de cableado (sustancia blanca) que se extiende por la médula espinal para conectar con el resto de los nervios repartidos por todo el cuerpo.

La Cifra...
El cerebro de un adulto puede contener alrededor de cien mil millones de neuronas; cada una de las cuales, puede estar conectada con otros miles de ellas.

Gracias a esta distribución de los nervios, el cerebro recibe información tanto del exterior, a través de los sentidos, la vista, el oído, el olfato, el gusto y el tacto; como del interior, percibiendo sensaciones de hambre, cansancio, y dolor, cuando éste se produce.
Toda esa información es ordenada, procesada y tenida en cuenta por el cerebro a la hora de tomar las decisiones oportunas. Un órgano fundamental e imprescindible, desde el que se gobierna el resto del cuerpo, la temperatura, el hambre, el sueño..., así como nuestra conducta externa mediante el control de los movimientos finos y gruesos de los músculos.
Lo más extraordinario de éste enigmático órgano, es que gracias a él se producen los denominados procesos superiores o cognitivos tales como la atención, la percepción, la memoria o el pensamiento, que configuran como especie y dentro de ella como individuo, y que permite relacionarnos con el medio ambiente que rodea y con uno mismo.
Este discurrir de los años, también va a tener su incidencia en el cerebro, provocando una paulatina pérdida de neuronas, así como de sus conexiones entre ellas; lo que se va a reflejar en un enlentecimiento en el procesamiento de la información, así como en la pérdida paulatina de capacidades en esos procesos superiores.
El reto pues, no está sólo en poner los medios para remplazar los miembros u órganos que pueden resultar dañados durante nuestra vida, o simplemente que han dejado de funcionar correctamente, sino conseguir lo mismo en el cerebro.
Algo que hasta hace escasamente unas décadas se consideraba imposible, pues se creía que todas las células del organismo se regeneraban excepto las neuronas y las células del corazón.

Los últimos descubrimientos en cambio, muestran que se producen nuevas neuronas incluso en la edad adulta, un proceso denominado neurogénesis. Un campo de investigación que se ha convertido en la esperanza para luchar el día de mañana contra los efectos que el paso del tiempo provoca en nuestro cerebro a medida que envejecemos.

Un avance indudable hacia ese objetivo de superar el límite de los 120 años que parece estar fijado en nuestra naturaleza como edad máxima de supervivencia como especie.

Pero todavía queda otra traba mayor por superar con respecto al cerebro y son las enfermedades mentales, las cuales distan mucho de ser comprendidas y por lo tanto de poder ofrecer una adecuada intervención.

¿Sabías que...?
Según el informe "The economic cost of brain disorders in Europe 2010" el mayor reto económico del futuro próximo de Europa será hacer frente al creciente incremento de enfermedades mentales.

Existe un gran abanico de enfermedades mentales, algunas de las cuales se conoce el componente genético, y de otras algunos de los elementos del contexto que la pueden desencadenar, pero todavía se está lejos de una comprensión profunda de los mecanismos implicados.

La aparición de la mayoría de estas enfermedades está asociada a un determinado rango de edad; algunas son más propias de la infancia, mientras que otras son más probables que se produzcan en la edad avanzada, entre ellas las denominadas enfermedades neurodegenerativas, que conllevan problemas cognitivos producidos por la muerte neuronal prematura y progresiva, tal y como el Alzheimer, el Parkinson o la Esclerosis Múltiple.

A éste respecto se están haciendo grandes esfuerzos por avanzar en la investigación, fruto de lo cual se han desarrollado técnicas específicas de rehabilitación neuropsicológicas, que persiguen mediante la re-educación de las funciones cognitivas superiores usando procesos no afectados por la enfermedad, y con ello ralentizar en la medida de lo posible los efectos del proceso degenerativo.

CAPÍTULO 3. EL CONTROL DEL TIEMPO

Hoy en día se hace inimaginable vivir sin mirar al reloj para saber qué hora es, para llegar bien al trabajo o a una cita, o simplemente para no perdernos nuestro programa de televisión o radio favorito.

Desde pequeño hemos acostumbrado a verlos por todos lados, ya sea el de cuco, el de pared o el de muñeca. Pero además de los relojes más o menos grandes también están presentes en muchos de los aparatos que usamos diariamente, en el despertador, el teléfono móvil o en el ordenador. Así es cómo todos disponemos de un reloj cerca que va informando del devenir el tiempo, indicándonos sobre las distintas actividades que debemos realizar en cada momento.

A pesar de su aparente sencillez, se trata de un invento que, como hemos visto con el calendario, ha precisado de ser perfeccionado con el paso de los años.

Desde las primeras mediciones utilizando el rudimentario y nada preciso reloj de Sol, en que se clavaba un palo en la arena, observando cómo la sombra iba avanzando; hasta llegar a la medida más exacta que actualmente se conoce gracias al reloj atómico, que utiliza como referente las vibraciones naturales de los átomos, con una precisión tal que se estima que retrasa un segundo cada 300 años; aunque los científicos ya están investigando para mejorarlo.

Desde 1884 todos los relojes del mundo se han ido ajustando al sistema G.M.T. (Hora Media de Greenwich), basado en la rotación de la Tierra, el cual se usaba para calcular los cambios horarios entre países.

Pero en 1972 se cambió al sistema U.T.C. (Tiempo Universal Coordinado) para ajustarlo a la precisión del reloj atómico, manteniendo la misma relación de husos horarios. Para ello, se ha dividido la superficie de la Tierra en veinticuatro meridianos, que la atraviesan de norte a sur, con una separación de quince grados de longitud entre cada uno.

Iniciándose desde el Observatorio Astronómico de Greenwich en Inglaterra, por donde pasa el meridiano del mismo nombre, considerado como el de referencia (antiguo G.M.T. 0, actualmente U.T.C. 0), según vamos alejando hacia el este se añade una hora por cada meridiano atravesado; si es hacia el oeste se resta una hora.

Aunque actualmente a estos veinticuatro husos se han incorporado otros, de un cuarto de hora y media hora, con lo que prácticamente se utilizan casi cuarenta husos horarios.

A esta regla general tan útil para el mundo financiero por el que se rige la apertura y cierre de las bolsas de cada país, así como para los turistas y aventureros que van de viaje al extranjero, ha ido añadiéndose excepciones atendiendo a las fronteras internacionales o a la normativa interna de cada estado.

Tal es así que existen países, que, por su gran extensión de terreno, son atravesados por varios meridianos, que han decidido mantener el horario invariable dentro de sus fronteras, como en el caso de China (U.T.C. +8) atravesado por cuatro husos. Esto provoca situaciones tan extrañas como las que suceden al dejar atrás sus fronteras para entrar en Afganistán, en que se tiene que retrasar hasta 3 horas y media el reloj.

En cambio, otros países se ajustan según el meridiano que les corresponde, teniendo variaciones horarias dentro de sus fronteras, como por ejemplo Canadá con seis husos, EE.UU. con cinco, cuatro en Groenlandia, o tres husos horarios en Australia.

Aunque también hay países que mantienen alguno de sus usos dentro de sus fronteras, como en el caso de Rusia, quien en el 2010 eliminó dos de sus husos horarios, pasando de once a nueve.

Normalmente, cuando cambiamos de localidad atravesando para ello varios husos horarios, va a provocar un fenómeno conocido como jet lag, o descompensación horaria, donde existe una diferencia importante entre nuestro reloj interno (que coincide con el horario de salida) y el de destino, por lo que el organismo va a sufrir una serie de alteraciones del humor, problemas digestivos, fallos de memoria y fatiga. Estos desajustes son temporales y desaparecerán paulatinamente a medida que se adapta al nuevo ciclo día-noche. Éste sería un ejemplo de cronodisrupción, el cual se produce cuando existe una desincronización en nuestro reloj interno.

Pero si con esto creemos que podemos coger las maletas y saber a qué hora vamos a llegar a nuestro destino estamos equivocados. No es suficiente con conocer la hora de salida, al que añadirle la duración del viaje y sumarle o restarle el cambio horario entre países. Todavía hay que tener en cuenta una práctica aún más desconcertante. Se trata de un cambio interno de horario en función de si es invierno o verano.

Algunos países adoptaron ésta medida como forma de ahorro energético sobre todo en la industria, adelantando una hora al reloj en verano para aprovechar que sale el Sol más temprano, y retrasándolo en inverno.

Esas variaciones al adelantarse o retrasarse una hora el reloj, puede provocar en algunos, efectos similares a los del jet lag horario que se acaban de comentar, desajustes que pueden durar varios días, afectando tanto en el sueño como en la concentración, teniendo un mayor impacto en niños y ancianos.

A éste fenómeno se ha empezado a denominar como jet lag social, y se produce debido a demandas sociales lo que causa un desajuste en nuestro reloj interno provocando alteraciones como las anteriormente mencionadas.

Debido a estos efectos temporales negativos sobre el rendimiento, algunos países no han adoptado ésta medida y mantienen el mismo horario durante todo el año, tal y como sucede con países como China, Japón o la India.

Ahora ya estamos en disposición para saber con exactitud la hora local de llegada a nuestro destino, para lo cual hemos de tener en cuenta tanto los husos horarios como el cambio de estación, en caso de producirse.

Pero ahondando un poco más en el jet lag social, es decir aquellos que por demandas sociales hacen variar nuestro ciclo normal día-noche, podemos encontrar situaciones como el trabajo a turnos, en que vamos rotando la jornada de trabajo durante la semana o el mes, pasando de turnos de mañana, tarde o noche según las necesidades productivas del momento, siendo la causa de desajustes en el organismo que afectan al rendimiento del trabajador.

El trabajo nocturno provoca los mismos o más perjuicios para la salud, ya que el reloj interno debe reajustarse por completo necesitando invertir su ciclo; a lo que hay que añadir una importante alteración en las relaciones sociales, pues el resto de familia y amigos, y la sociedad en general, mantienen su ciclo de luz y oscuridad, con lo que las interacciones se reducen, pudiendo provocar serias disrupciones en la familia.

Estudios recientes con gemelos, llevado a cabo conjuntamente por científicos de Alemania y Dinamarca, ponen en evidencia que los efectos nocivos sobre la salud, tanto de los trabajos a turno como los nocturnos son más profundos de lo que se pensaba; constatando que el desajuste del reloj interno llega incluso a provocar pequeñas modificaciones en el código genético (metilación del A.D.N.) transmisible a los hijos, lo que se traducirá en trastornos metabólicos y del sueño, que a largo plazo desembocará en enfermedades fisiológicas y psicológicas.
El tiempo pues, aunque no percatemos de ello, juega un papel muy importante en todas las áreas de la vida, pudiendo determinar buena parte de la conducta, así como el éxito de las relaciones sociales.

CAPÍTULO 4. EL RELOJ HUMANO

La naturaleza tiene una gran influencia en la vida, quizás más de lo que habíamos percatado hasta ahora. Para conocer cómo afecta, primeramente, hay que conocer cuáles son sus ciclos, estos van desde los más cortos hasta los más largos, desde el circadiano (24 horas), el lunar (29 días), el estacionado (4 estaciones) hasta el anual (365 días).

Cada uno de estos tiene su incidencia en el organismo, sobre todo en el sistema endocrino, responsable de la segregación de las hormonas, que afectan directamente al estado de ánimo y están implicadas entre otras en funciones tan importantes como el crecimiento, todo lo cual va a repercutir en el humor y estado de concentración, que afectará a su vez al rendimiento intelectual y las relaciones sociales.

De ahí la importancia de conocerlos y tenerlos en cuenta, pues el paso del tiempo no se limita a "traernos" un resfriado cuando empieza el otoño, sino que va mucho más allá, pudiendo hacernos padecer enfermedades graves como la depresión estacional entre otras.

Pero, por si fuera poco, además de vernos afectados por los cambios externos de la naturaleza, es decir, por los ritmos extrínsecos; vamos a estar también influidos por ritmos internos del organismo, denominados endógenos, esto es, dentro de cada uno, existe una serie de procesos que se repiten y suceden de forma cíclica, que van a tener igualmente una gran influencia en el rendimiento y las relaciones sociales. La rama de la ciencia que se encarga de estudiarlos se llama cronobiología.

Quizás el ritmo interno más evidente, que coincide con el del ciclo día-noche, sea el de la vigilia-sueño de 24 horas; de hecho, el fenómeno del jet lag, ya explicado, es un claro ejemplo de que tenemos "algo" dentro que hace tener el "ritmo" independientemente del tiempo que haga, y que si se desplaza y varia la relación día-noche, se verá sometido a algunos efectos del reajuste.

Aunque existían experiencias de jet lag desde que se empezó a viajar, sus efectos se fueron haciendo más evidentes a medida que los medios aéreos y de locomoción se mejoraban, acercando localidades que con anterioridad se podían tardar días e incluso semanas en recorrer, llegándose a denominar "el mal del viajero".

¿Sabías que...?
Charles Lindbergh en 1927 fue el primer piloto en atravesar el Atlántico en avión, volando sin escala, desde Nueva York a París, más de cinco mil ochocientos kilómetros de distancia, invirtiendo más de 32 horas en dicho trayecto, toda una proeza de la aviación en su tiempo. Hoy en día apenas llevaría 9 horas en un avión comercial realizar el mismo recorrido.

Pero estos datos eran anecdóticos, y sin ninguna explicación científica al respecto, un mal necesario para los comerciantes y aventureros, asemejado al mareo que sufren los que utilizaban el barco para sus desplazamientos; por lo que se tuvo que esperar hasta la década de los sesenta, a que los padres de la cronobiología empezaran a idear una forma de poner en evidencia éste reloj interno, también denominado reloj biológico, y fue preparando un habitáculo en condiciones controladas de ruido, temperatura y humedad, donde se suprimió la luz.

Los datos fueron sorprendentes, al observar cómo a pesar de permanecer largos períodos sin luz mantenían su ritmo de actividad normal de temperatura, ingesta o sueño, de un poco más de 24 horas.

Unos resultados que son difíciles de observar en una civilización avanzada que usa electricidad y que sigue un ritmo más o menos regular de 8 horas de sueño, y donde cada poco, el que más o el que menos, está mirando al reloj para saber si llega a tiempo al trabajo o si es la hora de cierre del supermercado.

Similares resultados se obtuvieron por distintos espeleólogos que permanecieron varios meses encerrados bajo tierra, aislados de los cambios externos de luz y temperatura; incluso en el caso de los astronautas.

El Personaje...
El espeleólogo y geólogo francés Michel Siffre permaneció 2 meses encerrados en una cueva de Clamouse, en el departamento de Hérault, en la región de Languedoc-Rosellón (Fráncia).

El descubrimiento del reloj interno posibilitó el desarrollo de un campo de investigación que estudia cómo los ciclos externos, y ahora internos, influyen en todos los órdenes de la vida cotidiana, tanto en las relaciones sociales, rendimiento laboral o educativo; o en la salud.

A continuación, vamos a revisar algunos de los ritmos biológicos más importantes y sorprendentes en el ser humano, como el ciclo cardíaco, el menstrual o el del sueño.

Igualmente se expondrán las consecuencias sobre la salud de la ruptura del orden temporal interno, denominado cronodisrupción, que según estudios epidemiológicos va a ser el responsable de trastornos afectivos, enfermedades cardiovasculares, envejecimiento prematuro e incluso algunos tipos de cáncer.

CAPÍTULO 5. LAS MIGRACIONES

Pero si estábamos hablando de cambios de localidad, no podemos dejar de comentar uno de los fenómenos más asombrosos dentro de las especies animales, la migración

Aún se vuelve más sorprendente cuando éste fenómeno se repite año a año, convirtiéndose en cíclica o estacional, en el que se reúnen cientos o miles de individuos de la misma especie e inician un largo trayecto, utilizando para ello las mismas rutas que ya usaran sus progenitores, y los progenitores de estos con anterioridad; para después de un tiempo iniciar el camino de regreso, volviendo a su lugar de salida otra vez.

Son varios los motivos que pueden dar origen una migración de ésta envergadura, ya sea con fines reproductivos, causados por la falta de alimento, la aparición de más depredadores que pongan en peligro la supervivencia de la especie, o para evitar las temperaturas estacionales extremas.

Entre los anímales migratorios más sorprendentes por la distancia recorrida se pueden destacar a las mariposas monarcas (Danaus plexipus) que atraviesan EE.UU. desde Canadá a México cuando empiezan los fríos y regresan en primavera, cruzando en total casi cinco mil kilómetros; casi la mitad de lo que emplea la ballena gris (Eschrichtius robustus) en su trayecto desde el Ártico hasta el Pacífico mexicano recorriendo casi doce mil kilómetros; aunque el animal que más distancia recorre en su migración es la del charrán ártico (Sterna paradisaea) capaz de atravesar el globo de polo a polo, recorriendo distancias que superan los setenta mil kilómetros cada año.

Un comportamiento similar al observado por los primeros pobladores que eran básicamente nómadas, desplazándose del lugar siguiendo a la caza que migraba, en busca de agua o de temperaturas más benignas, para regresar cuando las condiciones estacionales lo permitían.

La mayoría de la humanidad dejó atrás este tipo de vida, hace ya más de 10.000 años, gracias al desarrollo de la agricultura y la domesticación de animales; a pesar de lo cual, en la actualidad siguen existiendo pueblos diseminados por todo el mundo, que continúan trasladándose en busca de comida y mejores condiciones climáticas, entre esos pueblos podemos mencionar a los esquimales (Groenlandia), los mongoles (entre Asia Oriental y Central), tuaregs (Sahara) o los chichimecas (Centro América).

Pero con el desarrollo de la cultura emergieron nuevos motivos para los desplazamientos masivos, denominados migraciones sociales, en las que cambian de localidad para visitar un enclave especialmente considerado para festejar algún tipo de ceremonia o rito.

Son ejemplo de estas costumbres las de visitar una vez en la vida la Meca, por parte de los musulmanes practicantes, o la montaña sagrada, por parte de los hindúes. Cada una de las incontables peregrinaciones y romerías que se celebran alrededor de mundo, pueden reunir a cientos o miles de personas en una fecha señalada.

¿Sabías que...?

La mayor migración humana se produce anualmente para celebrar la entrada del Año Nuevo Chino, también conocido como Año Nuevo Lunar. Más de quinientos millones de personas se desplazan provenientes de todas partes del mundo para celebrar con sus familias ésta fecha tan señalada.

Un caso especial de la migración es cuando esta no es cíclica, y por tanto los desplazados no regresan a su casa, si no que ocupan nuevos lugares, situación que en los últimos años se ha visto incrementada por los conflictos bélicos que obligan a miles e incluso millones de personas a abandonar lo que poseen, dejando todo atrás, e irse prácticamente con lo puesto.
Un deambular que les puede llevar a atravesar las fronteras de sus países hacia un desconocido destino, otras veces les lleva a campos de refugiados creados al efecto para atender una crisis humanitaria.
En ocasiones, estos desplazados tienen la suerte de llegar a un país de acogida, donde deben de iniciar desde cero, y enfrentarse a nuevos desafíos como un idioma diferente, una cultura con la que puede no estar familiarizado, etcétera.
Una de las preocupaciones de las autoridades de los países de acogida es en cuanto a la salud mental en la migración, ya que se ha observado cómo existen más casos de afectados.
A nadie se le escapa que migrar, sobre todo cuando es por necesidad, es una decisión dura y difícil, máxime cuando se deja a la familia atrás.
Llegar a un país nuevo, con costumbres y lenguas desconocidas hace que uno se sienta "descolocado", sin saber qué y cómo hacer.
Incluso cuando se comparte la lengua y algunas costumbres, cambiar de lugar de residencia, buscar casa, trabajo y empezar "desde cero", supone una situación de estrés, que, de mantenerse, puede desencadenar en la aparición de enfermedades mentales.
La añoranza por su tierra y por el cariño de sus familiares que quedaron atrás puede fácilmente generar sentimientos de desesperanza que conduzcan a estados de ánimo decaído y de ahí a la depresión.

Una vivencia que en ocasiones pasa de ser individual a convertirse en el sentir de un "pequeño grupo" definido por sus orígenes, cultura o lengua.

Las minorías suelen presentar un comportamiento de "autodefensa" de su identidad y cultura, cerrándose sobre sí mismas, en muchos casos no permitiendo que ningún no miembro de su comunidad pueda compartir sus prácticas y tradiciones, lo que puede llevar a aumentar el sentimiento de falta de integración de sus miembros.

En ocasiones, la cultura "mayoritaria" prima sobre las demás, provocando que las minorías se concentren en "guetos" o en barrios dentro de las ciudades, en donde expresar libremente su forma de ser, pensar y comportarse, alejados de las opiniones y comentarios de los demás con los que no comparte su ideología, religión o lengua, como si de una "burbuja" se tratase.

Un estudio realizado por el Departamento de Desarrollo y Psicología Clínica, Universidad Tilburg (Países Bajos) cuyos resultandos han sido publicados en la revista científica Europe's Journal of Psychology analiza la cuestión de la salud mental de los inmigrantes prestando especial atención a los antecedentes familiares, para determinar el riesgo de la salud mental en la migración.

En la línea de los estudios previos donde hallaban una relación de casi 3 a 1, entre inmigrantes y "nativos" del lugar, de forma que un inmigrante tenía tres veces más posibilidades de padecer trastornos como la esquizofrenia.

En el estudio se analizaron a sesenta y dos inmigrantes frente a no inmigrantes, evaluados mediante pruebas estandarizadas de salud mental, así como con el historial familiar de trastornos.

Los resultados informan que los inmigrantes muestran más trastornos psicóticos tanto si tienen o no antecedentes familiares, aunque cuando estos se dan, el porcentaje de afectados es superior, grupo que además muestra un mayor número de situaciones de riesgo para la salud como el consumo de sustancias tóxicas, constatando también la fuerte presencia de sentimientos de ansiedad y depresión, percibiendo su situación como desesperanzadora.

El estudio concluye que los inmigrantes que ya tienen en su familia antecedentes de problemas psicóticos, son más sensibles de sufrirlo debido a la exposición crónica ante una adversidad social, que en circunstancias "normales" no se presentaría, o de hacerlo sería en menor grado.

Queda pues corroborado la relación entre los factores ambientales y la genética en la aparición de trastornos como la esquizofrenia, donde a pesar de la importancia de la herencia es preciso que existan suficientes elementos "externos", como en éste caso, el de la inmigración y todo lo que conlleva, para poner en riesgo la salud mental de los inmigrantes.

Siguiendo con este tema de la salud entre la población inmigrante comentar que, desde los servicios sociales del país de recepción, se realizan importantes esfuerzos para dar asistencia a los recién llegados, entendiendo que con el tiempo van a integrarse como si fuese uno más del país, pero ¿Existe un mayor porcentaje de problemas de salud mental entre los adolescentes inmigrantes?

Esto es precisamente lo que ha tratado de resolver una investigación realizada por el Departamento de Serevicios de Salud Mental, Ministerio de Salud y el Departamento Interdisciplinar Central (Israel), cuyos resultados han sido publicados en la revista científica Journal of Child & Adolescent Behavior.

Los datos fueron extraídos de un macro estudio para determinar los niveles de salud mental de los jóvenes que irían en Israel durante los años 2004 a 2005, denominado I.S.M.E.H.A. (Israel Survey of Mental Health among Adolescents).

En el estudio participaron ciento treinta y un adolescente inmigrante, frente a ochocientos veinte seis jóvenes de similares características nacidos en el país, con edades comprendidas entre los 14 a 17 años.

También se quería conocer la percepción del servicio que recibían y la asistencia disponible por parte de los adultos, para lo cual preguntaron a las madres de estos jóvenes mediante cuestionarios estandarizados para evaluar aspectos emocionales y comportamentales disruptivos que podían presentar los jóvenes mediante el S.D.Q. (Strengths and Difficulties Questionnaire); para evaluar la presencia de problemas psicológicos en los jóvenes, se empleó para ello el D.A.W.B.A. (Development and Well-Being Assessment); y por último se les preguntó a las madres sobre el número de veces y la especialidad de consultas para cuestiones relacionadas con su hijo adolescente en los últimos 12 meses.

Igualmente se recogieron datos sociodemográficos que incluían el género del adolescente, el estatus de la madre, y los años de escolarización del menor.

Los resultados muestran que no existen diferencias en cuanto al padecimiento de trastornos psicológicos o del desarrollo entre los adolescentes provenientes de otros países, y los nacidos en dicho país, ni tampoco en cuanto al uso de los recursos sanitarios cuando así lo requieren.

Algo que, según señalan los autores del estudio, es excepcional en comparación con los resultados previos de otros países. Explicado por la propia naturaleza de Israel, un país construido y edificado sobre emigrantes, por lo que no se produce esa estigmatización que se da en otros países, no tan acostumbrados a la recepción de población extranjera.

También se debe resaltar la labor de los servicios sociales y los programas de integración como los responsables de estas similitudes en los resultados.

Resaltar que se han encontrado diferencias significativas en cuanto a la percepción de las madres de los jóvenes inmigrantes, mostrándose más preocupadas por las dificultades y la socialización de los pequeños.

Igualmente, las madres que vivían solas, ya sea porque eran solteras o divorciadas, mostraron un comportamiento menos productivo a la hora de llevar a su hijo a los servicios de salud cuando esto era requerido, aspecto que se resalta como factor de riesgo para estas poblaciones de inmigrantes.

Hay que tener en cuenta que el estudio únicamente recoge un mes de periodo de tiempo de análisis, en el que influyen distintos componentes económicos y sociodemográficos en dicho periodo. Por lo que habría que observar si en otros momentos, se produce los mismos resultados.

Una de las limitaciones del estudio es que únicamente atiende a un rango de edad muy reducido de participantes, con edades comprendidas entre los 14 a 17 años de edad, por lo que habría que observar si esos efectos encontrados se mantienen en edades superiores o no.

Otra de las limitaciones es que se realiza sobre una población muy específica, con unas características difícilmente extrapolables a otras poblaciones, por lo que se precisa de nueva investigación para comprobar si los efectos de la inmigración se mantienen o difieren en otras poblaciones.

Ambos estudios resaltan una realidad, la de la inmigración, sea esta cíclica o no, que necesita ser atendida por las autoridades, para garantizar una convivencia adecuada, a la vez que se previenen los problemas de salud asociado a las situaciones de ansiedad y depresión que sufren estas poblaciones.

CAPÍTULO 6. EL CICLO MENSTRUAL

Uno de los periodos del ser humando donde se producen mayores cambios hormonales, fisiológicos e incluso anatómicos es durante la pubertad, coincidiendo con el principio de la etapa reproductiva, la cual se mantendrá durante toda la edad adulta hasta finalizar en la menopausia o la andropausia, según sea en la mujer o en el hombre.

Toda una novedad con respecto al resto de ciclos biológicos que se van a comentar a continuación y que van a acompañar durante toda la vida.

En la adolescencia temprana se inicia en la mujer con la menarquía o menarca (primer episodio de sangrado vaginal de origen menstrual) uno de los ciclos más sorprendentes y llamativos, que se produce aproximadamente cada veintiocho días, el ciclo menstrual o ciclo sexual femenino.

En éste ciclo, dirigido a posibilitar el embarazo, se suceden cuatro etapas claramente diferenciadas, la menstruación o el sangrado menstrual; la pre-ovulación o fase folicular; la ovulación y la post-ovulación o fase lútea.

Un ciclo con una duración aproximada de veintiocho días; una cifra que le habrá resultado familiar, quizás le haya recordado otra similar, la del mes lunar o lunación. Dicha relación, entre los ciclos menstruales y lunares, ha sido recogida entre las creencias y tradiciones de distintas culturas a lo largo de la historia.

Éste ciclo de la ovulación puede variar, ampliándose o recortándose, por la presencia de agentes internos o externos. Entre los primeros cabe mencionar algunas enfermedades, el estrés o problemas emocionales que pueden producir desequilibrios hormonales.

Entre los agentes externos como la luminosidad o la temperatura, quizás el más sorprendente es el llamado efecto McCLintock en honor a su descubridora, conocido también como Regulación Social de la Ovulación o Sincronía Menstrual.

¿Sabías que...?
El efecto McCLintock, es un fenómeno por el que se sincronizan los ciclos menstruales de dos o más mujeres cuando éstas comparten durante bastante tiempo el mismo espacio (3 meses o más), ya sea la casa o el lugar de trabajo, para lo cual no es preciso que sea familiar.

Su descubridora Martha McClintock, apuntó que era consecuencia directa del influjo de las feromonas, las cuales son sustancias olorosas que desprende un organismo con el que modificar el comportamiento de otros. Hasta ese momento sólo se había observado en plantas y animales en relación con las conductas de atracción de potenciales parejas o repulsión de enemigos o competidores, pero se desconocía su influencia en el ser humano.

El ciclo de ovulación aparte de producir efectos fisiológicos en el organismo debido a las cambiantes hormonas, va a traer diversos efectos en el desempeño psicológico y académico, incluso según un estudio realizado por la Facultad de Gestión Carlson, Universidad de Minnesota conjuntamente con el Departamento de Psicología, Universidad Cristiana de Texas; el Departamento de Psicología, Universidad de Texas en Austin (EE.UU.) y la Universidad de Gestión de Singapur (Singapur), se ha observado en el comportamiento del consumidor, cómo las mujeres durante la ovulación tienden a comprar aquella ropa y productos que la hacen verse más "sexys", compartiendo con los demás sus propias emociones, ya que internamente se sienten más atractivas, según resultados publicados en la revista científica Journal of Consumer Research.

Pero también tiene consecuencias en la sensibilidad de la mujer a las conductas reproductivas, así lo ha mostrado un estudio de la Facultad de Kinetics Humana, Universidad de Ottawa (Canadá) cuyos resultandos han sido publicados en la revista científica Scientific American donde se estudió durante dos periodos de ovulación la capacidad olfativa de diecisiete mujeres que toman anticonceptivos frente a otras dieciséis mujeres que siguen su ciclo natural.

Las conclusiones del estudio informan sobre la mayor sensibilidad de las mujeres que siguen su ciclo natural frente a las que tomaban anticonceptivos, y en las primeras eran más sensible en los días posteriores a la ovulación y durante la fase lútea.

Los autores informan que, a pesar de existir estudios previos contradictorios sobre éste aspecto, la mayor sensibilidad puede jugar un papel importante a la hora de buscar pareja reproductiva, determinado por las feromonas.

Pero si hay un problema importante en la mujer, es cuando ésta, por un motivo u otro pierde la capacidad de tener hijos, es decir es estéril.

La esterilidad femenina es definida como la incapacidad de concebir por parte de la mujer, entre las causas que lo originan están las genéticas y biológicas, pero existe un número creciente de casos que no pueden ser explicados por ello.

Desde la aproximación psicosomática, se da gran importancia a los primeros años de vida, en la formación de patologías futuras, indicando que el cuerpo aprende a manifestarse de una determinada forma que se establece en las primeras etapas de la vida, y que, con posterioridad, cuando se es adulto, el cuerpo va a usar ese mismo medio, apareciendo con ello las enfermedades psicosomáticas.

Agresiones físicas o psicológicas, maltratos o violaciones, son situaciones que van a marcar a la persona en su desarrollo tanto desde el punto de vista de su personalidad, como en su mundo emocional y a la hora de establecer relaciones interpersonales.

Eso no quiere decir que aquella persona que haya sufrido una de esas situaciones de violencia, vaya a quedar "marcado" para toda su vida y no pueda llevar una vida "normal", aunque existe una predisposición no es determinante, ya que el individuo tiene la capacidad de recuperarse con el tiempo, aunque a veces hay heridas que no curan y se quedan en el "olvido".

Uno de éstos hechos es el intento de violación o su consumación en edades tempranas, algo para lo que el menor no está todavía preparado ni física ni psicológicamente y que va a tener importantes consecuencias en el futuro, entre ellas la esterilidad.

El análisis desde la aproximación psicosomática, de algunos casos de mujeres que físicamente estaban sanas, pero que no conseguían quedarse embarazadas, ha llevado a señalar que se trataría de una patología psicosomática, donde el mundo emocional está "interfiriendo" en el normal desempeño del organismo.

Actualmente se reconoce que los hechos traumáticos durante los primeros años de vida pueden "torcer" un correcto desarrollo, por lo que se requiere de una intervención especializada para poder superar dichas situaciones y que las consecuencias futuras sean menores.

Entre las causas de la infertilidad, cuando se han descartado los problemas médicos y fisiológicos, se encuentran los de índole psicosomáticos como son:

- La anorexia nerviosa, donde la malnutrición del organismo lleva a una inmadurez sexual, además de alteraciones hormonales con pérdida de la menstruación (amenorrea).

- Las disfunciones sexuales como la disfunción eréctil o el vaginismo, lo que impide la consumación de la relación sexual.

Además de lo anterior se estima que existen una serie de características de la persona que pueden influir negativamente en la fertilidad, como son la baja autoestima, una falta de identidad sexual definida o un desempeño social y sexual inadecuado entre otros.

Por último y no por ello menos importante, el estrés juega un papel destacado en la infertilidad, aunque no queda claro si es causa que lo origina o consecuencia de la frustración producida de los intentos repetidos por parte de la pareja sin éxito.

Un estudio del Departamento de Anatomía y Biología Humana, Universidad de Western Australia (Australia) cuyos resultados han sido publicados en la revista científica Human Reproduction muestra los mecanismos fisiológicos por los cuales la ansiedad puede provocar infertilidad, ya que el estrés afecta al hipotálamo, que a su vez afecta a las glándulas endocrinas encargadas de la regulación de la ovulación, provocando alteraciones e incluso la amenorrea; afectando también al trasporte de óvulos por las trompas de Falopio y alterando el flujo de sangre uterino.

Con lo que este estudio consigue explicar las evidencias clínicas registradas sobre las consecuencias de los elevados niveles de ansiedad en el ciclo menstrual de las mujeres.

Un ciclo que como vemos es más sensible de lo que cabría pensar, adaptándose a las circunstancias en donde se vive, y alterándose por las preocupaciones y situaciones de estrés que viva la mujer.

CAPÍTULO 7. LA FRECUENCIA CARDÍACA

Estos ciclos pueden variar en función de las condiciones ambientales o internas del organismo. Un ejemplo de ésta influencia lo encontramos en el ciclo cardíaco medido mediante la frecuencia cardíaca, entendida ésta como el número de contracciones del corazón o pulso por unidad de tiempo, medido por l.p.m. (latidos por minuto).

El corazón es un órgano musculoso encargado de la distribución de la sangre por el organismo y con ello llevar alimento y oxígeno hasta su último rincón, para lo cual cuenta con cuarto cámaras o cavidades, denominadas aurículas y ventrículos.

Se trata de un "motor" en dos fases, sístole (contracción) y diástole (relajación). Éste movimiento combinado con su estructura de cuatro cavidades, dos aurículas y dos ventrículos, le posibilitan recoger la sangre "empobrecida" y enviarla a los pulmones a "oxigenarse"; y extender la sangre "enriquecida" por todo el organismo.

Es precisamente en esa contracción donde se produce el pulso y el que se utiliza para calcular la frecuencia cardíaca.

Si se registra la actividad del corazón se puede comprobar cómo este late a un ritmo constante alrededor de 50 a 100 l.p.m.; cantidad que es superior en el caso de los recién nacidos, entre cien a 160 l.p.m.; o menor en el caso de atletas entrenados situándose entre 40 y 60 l.p.m.

Éste sería el nivel basal o normal en reposo, pero si relajamos, bajará, haciéndose más pausado. Si desciende por debajo de 50 l.p.m. se produce una bradicardia, en caso de que se mantenga en el tiempo, se precisará de la implantación de un marcapasos.

En cambio, si realizamos cualquier ejercicio físico como correr, la frecuencia cardiaca se elevará, siendo el tiempo entre pulsaciones más corto; si asciende por encima de 100 l.p.m. se produce una taquicardia. Similares efectos se pueden obtener con la ingesta de sustancias excitantes (que aumentan la frecuencia cardíaca) como la cafeína o depresoras (que la reducen) como los barbitúricos.

El Personaje...

El español Miguel Induráin, quinto campeón del Tour de Francia y bicampeón del Giro de Italia, considerado como uno de los mejores ciclistas de la historia, tiene una frecuencia cardíaca en reposo de veintiocho latidos por minuto, una de las más bajas registradas en personas sanas.

La frecuencia cardíaca que está estrechamente relacionado con la salud del corazón, ya que si éste enferma, va a verse reflejado alterando el normal ciclo cardíaco.

La enfermedad vascular o cardiovascular, es un problema que afecta al sistema circulatorio y en concreto al corazón, lo que va a conllevar un deterioro en la salud general del organismo, debido a su importante papel nutricional.

Entre estas enfermedades relacionadas con el sistema cardiovascular más frecuente podemos encontrar:

- Enfermedades cerebrovasculares, de vasos sanguíneos que irrigan el cerebro.

- Arteriopatías periféricas, enfermedades de vasos sanguíneos que irrigan los miembros superiores e inferiores.
- Trombosis venosa profunda y embolias pulmonares, son coágulos de sangre que pueden obstruir la circulación.
- Cardiopatías, hace referencia a una enfermedad del corazón o del sistema cardiovascular:
- Si se trata de una enfermedad de los vasos sanguíneos del miocardio se denomina cardiopatía coronaria.
- Si existe una malformación del corazón de origen genético, cardiopatía congénita.
- Si es producto de fiebre reumática, cardiopatía reumática.
La obstrucción de una de éstas venas, ya sea por deterioro del conducto, o por la obstrucción por acumulación de grasa o de un coágulo de sangre (trombo), van a ser las causantes de los ataques cardíacos, cuando se produce en el corazón y de accidentes cardiaco-vasculares también conocido como infarto cerebral o ictus, cuando se produce en el cerebro.
Entre los principales factores de riesgo que van a favorecer la aparición de las cardiopatías y los ictus están:
- Alimentación inadecuada, que incluye sal, poca fruta y verdura.
- Falta de actividad física moderada practicada regularmente.
- Consumo habitual de tabaco o alcohol.
Igualmente son factores de riesgo, el padecer diabetes, hipertensión o hiperlipidemia (exceso de grasa en sangre).
La sintomatología del ataque cardíaco es, dolor o molestias en el pecho, o en brazos, hombro izquierdo, mandíbula o espalda; además de dificultad de respirar, náuseas o vómitos, sudores fríos, desmayo y palidez.
La sintomatología del ictus es, entumecimiento y pérdida de fuerza de la mitad del cuerpo, que va desde la cara, brazos y piernas, confusión y dificultad para hablar y comprender lo que se dice, debilidad o pérdida de conciencia, pérdida de equilibrio y problemas visuales.
El tratamiento del ataque cardíaco depende de sus síntomas y causas:

- Farmacológicamente, nitroglicerina para aliviar los síntomas y mejorar el flujo de sangre; trombolítico, que disuelve los coágulos de sangre, cuando se está en fase aguda; aspirina, betabloqueantes o estatina para prevenir la formación de coágulos.
- Quirúrgicamente, cuando así lo requiera, realizar una angioplastia, usando un "globito" con el que se limpian las arterias obstruidas o el implante de un stent, que es una varilla de metal empleada para mantener las arterias abiertas.
- En los hábitos saludables de vida, se aconseja aumentar la ingesta de frutas y verduras, abandonando la sal y el consumo de alcohol o tabaco, todo ello enmarcado dentro de un programa de rehabilitación cardíaca, que incluye técnicas de psicología como la relajación y el control del estrés.
Como vemos el papel de lo psicológico en las enfermedades coronarias es doble, tanto como parte de los factores de riesgo, como en su tratamiento, referido a los hábitos de vida que se llevan, y que pueden modificarse reforzando conductas adecuadas y reduciendo las inadecuadas. Todo ello unido al aprendizaje de técnicas de relajación y control del estrés que proporcionarán un mejor pronóstico en la recuperación, así como menos posibilidades de recaída de estos padecimientos coronarios.

Igualmente, y unido a la frecuencia cardíaca cabe señalar el efecto del corazón en la presión arterial, definida esta como la fuerza con la que la sangre choca con las paredes de las arterias, dado por el incesante bombeo de sangre proveniente del corazón. La hipertensión, tal y como indica su nombre, se trata de niveles anormalmente altos de presión arterial.
La importancia de ésta medida, es que una cantidad demasiado alta, podría estar indicando posibles problemas circulatorios en un futuro, debido a la mayor presión sobre el sistema y con ello, más posibilidades de que aparezcan lesiones en alguno de sus conductos, pudiendo provocar accidentes cerebrovasculares, ataques cardíacos, insuficiencia cardíaca, enfermedad renal e incluso la muerte temprana.

La presión o tensión arterial se mide gracias a un tensiómetro o manómetro, que indica dos medidas, la correspondiente a la contracción del corazón (sístole) y la de la relajación (diástole); siendo una medida normal entre ciento veinte y ochenta respectivamente; se considera prehipertensión cuando suben hasta ciento cuarenta o noventa, cuando llegan a ésta cantidad o la superan se denomina hipertensión.

Existen dos tipos de hipertensión, la primaria o esencial y la secundaria, la primera, que es más común, está relacionada con el sobrepeso, la diabetes, estados ansiosos, y la ingesta de sal, alcohol o tabaco. Mientras que la secundaria, es producto de otros "achaques" que afectan a la salud, tales como enfermedades renales, trastornos del sistema endocrino, problemas congénitos o iatrogenia.

Hay que tener en cuenta que la presión arterial aumenta con la edad, debido a la pérdida de la elasticidad de las arterias con el paso del tiempo; igualmente la presión no es estable a lo largo del día, sino que varía de hora en hora y en función de la actividad que estemos desempeñando.

El tratamiento de los problemas relacionados con la presión arterial se centra en tres aspectos:

- Hábitos saludables de vida, entre los que se incluye la pérdida de peso en las personas que sufren de obesidad, ejercicios moderados, dieta de fruta, abandonar el alcohol, el tabaco, café, sal y alimentos ricos en grasas saturadas y colesterol.

- Intervención farmacológica con diuréticos, beta bloqueadores o bloqueantes de canales de calcio.

- Intervención psicológica, orientada principalmente a combatir las situaciones de estrés diario y a la consolidación de hábitos saludables de vida.

Desde la perspectiva psicosomática, las personas hipertensas están más relacionadas con la hostilidad contenida que, con la ansiedad, empeñadas en luchar contra sus sentimientos agresivos que es incapaz de expresar, sintiéndose siempre amenazadas y dispuestas a defenderse, viviendo una situación de atención crónica.

Además, estas personas van a estar caracterizadas por una escasa valoración de sí mismas, con elevada ambición, miedo constante de no alcanzar sus metas, tendencia a la perfección, y a adquirir responsabilidades. A pesar de su hostilidad, propiciada por ceder hacia los deseos de los demás, como forma de alcanzar los suyos propios y conseguir aceptación social, no es capaz de expresar ésta agresividad, mostrándose comprensivo y afable.

Con respecto al tipo de personalidad más habitual en éstos pacientes, se suele presentar tanto en la personalidad tipo A como en la personalidad tipo D:

- La personalidad tipo A está relacionada con problemas coronarios, asociados a la agresividad y la competitividad.

- La personalidad tipo D está más relacionado con la probabilidad de sufrir trastornos del estado de ánimo, como depresión y ansiedad. Además, estas personas se muestran hiperactivas, debido a una excesiva autoexigencia motivada por su baja autoestima, mostrando altos niveles de alexitimia.

Sus rasgos de inhibición emocional de la personalidad tipo D, podrían asemejarse con los de la personalidad tipo C, donde también aparece un constante autocontrol, con falta de asertividad y con dificultad de expresar las emociones negativas.

Pero en éste caso, en la personalidad tipo C se da además una excesiva aparición de expresividad de sentimientos positivos, para "compensar" a los negativos, mostrándose amoroso, solidario, amable y carente de problemas.

Pero además se muestra pasivo, introvertido, obsesivo, con dificultad de iniciar nuevas relaciones sociales o de asumir cambios en su vida cotidiana, inconformista con sus propios logros, deseando el de los demás, complaciente e inseguro y propenso a sufrir depresiones.

Como vemos es cuestión de matices, la diferencia entre ambos tipos de personalidad, pero esos rasgos distintivos son los que van a hacer reaccionar de forma diferente al organismo, así los individuos con personalidad tipo C son más propensos a sufrir reumas, infecciones, alergias, afecciones cutáneas y cáncer.

Mientras que las personas tipo D van a ser más propensas de sufrir trastornos del estado de ánimo, como depresión y ansiedad, úlceras pépticas y trastornos vasculares, como hipertensión, cardiopatías isquémicas o arritmias, con mayor riesgo a padecer infartos de miocardio.

CAPÍTULO 8. EL CICLO DEL SUEÑO

Uno de los ciclos más importantes es el que se produce mientras el cuerpo está en reposo, es el denominado ciclo del sueño, en el que se suceden dos fases consecutivas bien diferenciadas, la fase de M.O.R. (Movimientos Oculares Rápidos) y la No-M.O.R., o como se conoce por las siglas en ingles fase R.E.M. y No-R.E.M.; el final de una fase da paso a la siguiente, así toda la noche hasta el momento de despertase.

En la primera, también conocida como de sueño paradójico, se produce una intensa actividad neuronal, como si estuviésemos despiertos, en donde los sueños se sienten de forma muy vivida y con gran carga emocional; si se despierta a una persona en ésta fase será capaz de relatar lo que estaba soñando con todo lujo de detalles.

Mientras que en la fase No-M.O.R. o de sueño lento, la actividad neuronal es más bien baja, y el contenido del sueño está más asociado a las preocupaciones diarias.

Aún no está claro en qué medida contribuyen, pero cumplen una importante función en la creación de nuevas conexiones neuronales permitiendo con ello el aprendizaje. La privación del sueño va a tener efectos negativos tanto a nivel cognitivo como fisiológico.

El horario de sueño y vigilia es otro de los elementos que rige el Sol, alterado por el uso extensivo e intensivo de la luz eléctrica, lo que no permite a veces dormirnos hasta que no termine el programa de televisión nocturno, o hacerlo con la televisión puesta, sin saber a qué hora dormimos.
O levantarnos, madrugando antes de que salga el Sol, para aprovechar a trasladarnos al puesto de trabajo antes de que el resto lo haga y evitar con ello el tráfico.
Son alteraciones al ciclo natural, pero cuándo pensamos en el Sol, y en las horas de luz, se ha de tener en cuenta, que este no sólo cambia de verano a invierno, como ya se ha comentado, no que también lo hace según el lugar del mundo donde estemos, así a medida que acercamos a los polos, cada vez la región de luz es mayor en el norte que en el sur, en invierno, que es al revés, produciéndose días de 19 horas de luz en verano, y escasamente de 3 a 5 horas de oscuridad.
En invierno pasa todo lo contrario, donde escasamente hay 5 horas de luz, permaneciendo el resto del tiempo en oscuridad. Una sensación extraña que por supuesto uno se llega a acostumbrar tras unos días.
Entonces, cuál es el mejor momento, este deberá estar dado por el lugar donde se viaja, ajustando lo más posible al ciclo natural, de forma que se puedan recibir los beneficios de los primeros rayos del día, que incluso llegaron a formar parte de las religiones egipcias, en que los adoradores de Ra o Amón-Ra, deidad que representa al Sol, esperaban a la salida del Sol para iniciar su día, y ser bañados por sus rayos para que los llenase de energía con los que trabajar ese día.
E igual se debería hacer para dormir, es decir, cuando se fuese el Sol, acostarse, con ello de forma natural estaríamos regulados con las 8 horas de sueño que suele requerir para descansar y que además aprovecha el organismo para reponerse de las infecciones, así como para archivar huellas de memoria sobre las experiencias y lo aprendido durante el día, entre otros.

Todo ello sin olvidar que hay días más cortos y más largos durante el año, pero que son de una media de 8 horas de oscuridad en las que recuperase.
Este ciclo que parece tan estable va variando ligeramente con el tiempo y una vez estabilizado dura toda la vida.
En los primeros días de vida, y todavía dentro el proceso de maduración interno, el bebé duerme entre 16 a 20 horas diarias. Siendo sus interrupciones del sueño cada vez más espaciadas a medida que pasan los meses.
Duración que irá disminuyendo progresivamente hasta acercase a las 8 horas en que se estabilizará hasta la llegada del envejecimiento en que se produce un ligero acortamiento, reduciéndolo en una hora u hora y medio, y eso a pesar de que se aumenta el tiempo total en que se está en la cama.

La cronodisrupción es el término técnico empleado para denominar todas las alteraciones provocadas en los ciclos naturales de la persona, como ya se ha indicado con el jet lag o con la privación de sueño, lo que va a provocar alteraciones tanto a corto como a largo plazo, siendo el responsable de una mayor incidencia del síndrome metabólico, de enfermedades cardiovasculares, deterioros cognitivos, trastornos afectivos, alteraciones del sueño, algunos tipos de cáncer e incluso del envejecimiento prematuro.
Un ejemplo de cronodisrupción lo encontramos en el insomnio, o la falta de sueño, es decir, no dormir todo lo que el organismo necesita, a la larga va a ir jugando en detrimento de la salud de la persona.
Se han realizado experimentos de privación de sueño, y se ha observado, que el no dejar dormir a un individuo le impide realizar nuevos aprendizajes, ya que la huella de memoria no se graba, igualmente el sistema inmunológico, el que no defiende de las infecciones y ataques del exterior, baja notablemente su rendimiento.
Se produce una hipersensibilidad a la luz y a los estímulos del exterior, estando altamente irritable ante cualquier hecho externo. Y eso sólo con 36 horas. Más allá no se ha considerado ético continuar con los estudios, por los perjuicios que pudiese producir al paciente, considerados daños irreversibles.

De ahí la importancia de dormir y hacerlo en un ambiente, ventilado y sin ruido, pues a pesar de estar durmiendo el organismo mantiene un mecanismo de "salvaguarda", por el cual, si se produce algún tipo de ruido fuerte despertamos, como medida de seguridad, para que podamos salir corriendo o defendernos, un mecanismo muy útil, para los antepasados de las cavernas, a la hora de enfrentarse a la amenaza de algún carroñero, lo que le daba unos segundos para reaccionar.
Pues igualmente ahora, si se produce un ruido fuerte despertará, interrumpiendo el ciclo del sueño, haciendo que luego resulte más difícil volvernos a dormir.

A continuación, transcribo la entrevista realizada a Dª. Vilma Aho, Biocientífica, investigadora del Equipo del Sueño de Helsinki, Instituto de Biomedicina, Universidad de Helsinki (Finlandia).

- ¿Por qué es tan importante dormir?
El sueño es un proceso fisiológico complejo que es esencial para todas las especies animales estudiadas.
En los mamíferos y aves (y algunos reptiles), las fases del sueño son detectadas por E.E.G. (ElectroEncefaloGrama). El sueño -o estados similares al sueño- se ha observado también en otros animales, como los peces cebra, las moscas de la fruta y nematodos (C. elegans), utilizando para ello criterios de comportamiento.
A pesar de que los humanos gastamos aproximadamente una tercera parte de nuestra vida durmiendo, los científicos del sueño todavía no están seguros acerca de por qué tenemos que dormir.
Las principales teorías actuales formulan la hipótesis de que se necesita dormir para mantener el equilibrio de la energía y/o facilitar las redes neuronales para recuperarse de la actividad del estado de vigilia y ayudar en los procesos de aprendizaje y memoria.

Durante las fases de sueño, los cambios en la actividad cerebral se sincronizan a los cambios del sistema nervioso autónomo y al tono muscular. El sueño es esencial para procesos cognitivos tales como la memoria y el aprendizaje, y también está estrechamente conectado a los sistemas periféricos, tales como el sistema inmune y el metabolismo.

La sincronización del sueño y la vigilia se controla por dos procesos: el ritmo circadiano y la presión homeostática del sueño. El ritmo circadiano (circa => cerca de; diano => un día) oscila durante el día y la noche, el momento de la actividad de los animales diurnos es el tiempo del día y el de las especies nocturnas es la noche.

La luz arrastra el reloj maestro en el N.S.Q. (Núcleo SupraQuiasmático) del cerebro. El N.S.Q. interviene en la regulación de señales neurohormonales y la sincronización de otros ritmos del organismo, por ejemplo, el sueño, la alimentación y el metabolismo.

La homeostasis (homeos => similar; stasis => estado), por definición, trata de mantener el sistema estable y relativamente constante. El proceso homeostático del sueño mide la necesidad de sueño, aumentando durante la vigilia y disminuyendo hacia la línea basal durante el sueño.

- ¿Cuánto tiempo de sueño realmente necesitamos?

La necesidad del sueño no es en realidad una medida fácil de determinar. En estudios experimentales, el E.E.G. de los sujetos se puede grabar en el laboratorio del sueño y su longitud sueño puede medirse objetivamente. Sin embargo, no hay una forma para cuantificar objetivamente la necesidad real de sueño.

A pesar de lo cual se pueden abordar la necesidad subjetiva del sueño a través de preguntas, por ejemplo, ¿Cuánto sueño sueles necesitar para sentirte renovado y para un buen funcionamiento durante el día?, que se utilizan en los estudios epidemiológicos. La duración del sueño de un individuo es determinada tanto por factores genéticos como ambientales.

Hasta ahora unos pocos genes que se asocian a la duración del sueño han sido identificados en estudios de población humana. Sin embargo, cada uno de estos genes puede explicar una pequeña parte de la variabilidad entre individuos.

En la mosca de la fruta (Drosophila melanogaster), los científicos han identificado, por ejemplo, un gen llamado Sleepless. Las moscas con una mutación en este gen, sólo necesitan una quinta parte de sueño en comparación con el tiempo en el resto de las moscas.

Sin embargo, estos mutantes no parecen dedicar mucho más tiempo a hacer cosas, ya que también tienen vida útil considerablemente más corta que las moscas normales (aproximadamente la mitad del tiempo).

La duración en el sueño humano se ha evaluado en varias poblaciones. En promedio, la mayoría de la gente tiende a dormir de 7 a 8 horas por la noche. Aunque la duración media del sueño ha disminuido durante las últimas décadas.

Parece ser, que también hay quien de forma natural duerme poco y sobreviven bien a lo largo de su vida con sólo unas pocas horas de sueño por noche. Del mismo modo, algunas personas dicen necesitar más de 9 a 10 horas cada noche para sentirse bien descansados.

El sueño cambia con la edad. Así se suele dormir entre 14 horas por la noche a la edad de un año y entre 9 a 10 horas con 12 años.

En los adultos, el envejecimiento disminuye la duración y la calidad del sueño, y las personas mayores tienden a tener un sueño más fragmentado (con interrupciones).

También existen diferencias de género, las mujeres duermen en promedio veinte minutos más que los hombres por noche.

La pérdida de sueño podría ser definida como el tiempo que un individuo duerme en una cierta noche restado de su necesidad de sueño natural. La pérdida de sueño puede ser causada, por ejemplo, por insomnio, trabajo por turnos, actividades de tiempo libre, enfermedades somáticas que afectan el sueño, etc.

La pérdida de sueño se puede acumular si una persona duerme repetidamente menos de lo que necesita.

Los efectos de la falta de sueño sobre diversos aspectos de la fisiología y la patología se pueden estudiar usando la restricción del sueño experimental (privación parcial o total de sueño en condiciones controladas de laboratorio), comparando antes vs después (y/o sujetos privados de sueño frente a sujetos control que duermen normalmente); con estudios epidemiológicos (transversal o longitudinal); con información de cuestionarios subjetivos sobre los parámetros del sueño, tales como la calidad, necesidad, duración, y pérdida de sueño.

- ¿Cuánto tiempo se puede estar sin dormir?
El máximo tiempo de vigilia prolongada para un ser humano sano parece estar entre una a tres semanas, pero el máximo real no se conoce, ya que no están éticamente aceptados estos estudios.
Sin embargo, hay algunos experimentos documentados desde décadas anteriores. En uno muy conocido, se informó de una persona de 17 años de edad, estudiante de la escuela secundaria de San Diego, que permaneció despierto durante once días en el año 1963.
De acuerdo con los informes, él no tomó ningún tipo de estimulantes y su estado fue supervisado por un científico del sueño asistido por sus compañeros de clase.
Sin embargo, como no se registró su actividad eléctrica cerebral a través de un E.E.G., su vigilia no puede ser confirmada de forma fiable. Este es el caso de mayor tiempo sin dormir que tiene el récord de este tipo.
También hay informes de gente que asegura no haber dormido durante períodos mucho más largos, incluso años o décadas. Ninguno de ellos ha sido científicamente confirmado, por lo que yo conozco.
Es posible que estos individuos subjetivamente sientan que no consiguen dormir del todo, pero aun así pueden tener episodios muy cortos de sueño, "microsueño", y/o sueño local que ocurre (o sueños locales que ocurren) en una parte del cerebro a la vez, mientras que el resto del cerebro permanece en el estado de vigilia.
Los episodios de microsueño no son detectados por el análisis habitual E.E.G. (que normalmente se analiza en épocas de treinta segundos), pero se pueden encontrar en un análisis más extenso de la grabación de E.E.G.

Los sueños locales pueden ser detectados con E.E.G. de alta densidad, es decir, un registro de E.E.G. con cientos de electrodos colocados alrededor de la cabeza del sujeto.

En estudios experimentales realizados en animales, la privación total de sueño durante largos períodos ha demostrado ser letal. En los seres humanos, hay algunas enfermedades raras, como el insomnio familiar fatal, donde los pacientes pueden tener privación severa de sueño durante meses, que finalmente lleva a la muerte.

- ¿Qué ocurre si no dormimos lo suficiente?

La pérdida de sueño afecta el cerebro disminuyendo el rendimiento cognitivo, como la memoria y el aprendizaje.

Además, el metabolismo en el cerebro se ve afectado. La adenosina es una molécula que aumenta en un área determinada en el cerebro durante la vigilia, cuando las reservas de energía del cerebro caen.

La adenosina impulsa el estado de sueño al producirse mediante la unión en los receptores de adenosina. Por el consumo de café, podemos retrasar el efecto de la adenosina al bloquear estos receptores con cafeína. Sin embargo, la cafeína no destruye la adenosina formada, por lo que no elimina la presión del sueño creado.

La pérdida de sueño no ataca sólo el cerebro, sino también a los sistemas periféricos, tales como el sistema inmune y el metabolismo de hidratos de carbono. Hay por ejemplo una conexión entre la regulación del apetito y la regulación del sueño.

Se ha informado de que la cantidad de la grelina "hormona del hambre" puede aumentar y la cantidad de la leptina "hormona de la saciedad" disminuir, como resultado de la pérdida de sueño. Esto posiblemente puede causar comer en exceso y puede conducir a la obesidad.

- ¿Cuál es la relación entre el sueño y el sistema inmunológico?

El sueño y el sistema inmune están estrechamente interconectados. Estos sistemas están en constante interacción bidireccional, el sueño afecta el sistema inmunológico y, viceversa, el sistema inmune afecta el sueño.

Esto se puede observar, por ejemplo, en la necesidad de mayor cantidad de sueño cuando cogemos una infección, como el resfriado común.

Esto está mediado por citocinas proinflamatorias, mensajeros del sistema inmune, que transportan los mensajes de alerta en la sangre, y que también promueven el sueño en el cerebro.

Estas citocinas también aumentan cuando quedamos despiertos durante períodos prolongados. Además, la pérdida de sueño causa cambios en la regulación del sistema inmune a nivel de diferentes glóbulos blancos (leucocitos) y expresión génica en estas células y poblaciones de expresión génica en los leucocitos.

La pérdida de sueño también aumenta el P.C.R. proteína de fase aguda (proteína C reactiva), y provoca un estado de bajo grado de inflamación. Estos efectos sugieren que la pérdida de sueño actúa como una señal de peligro en el cuerpo.

Aunque la pérdida de sueño hace que se active el sistema inmune, cuando esta pérdida se acumula puede dar lugar a más infecciones por una depresión de las defensas. Las respuestas a las vacunas también se han reportado a ser más débil si el sueño está restringido.

- ¿Cuál es la relación entre el sueño y la salud del corazón?

Los estudios epidemiológicos han demostrado una asociación entre el dormir poco con más alta mortalidad (en general, así como por enfermedades cardiovasculares), y un mayor riesgo de diabetes tipo II, aterosclerosis y obesidad.

También el sueño de mayor duración de lo normal, ha sido propuesto como un factor de riesgo para muchas enfermedades, pero todavía es poco claro cuántos de estos hallazgos pueden ser explicados por otros factores como enfermedades subyacentes, factores socio-económicos, etc...

Los estudios experimentales han demostrado que la pérdida de sueño cambia el metabolismo de los carbohidratos, provocando un desequilibrio en la proporción de insulina a la glucosa, que puede conducir a la resistencia a la insulina y diabetes tipo II. Se ha informado también del aumento de la presión arterial y la frecuencia cardíaca. Además de los factores metabólicos, la inflamación de bajo grado es un mediador importante en el desarrollo de enfermedades cardiovasculares y metabólicas.

Estos cambios pueden explicar en parte cómo la pérdida crónica de sueño puede aumentar el riesgo de enfermedades cardiovasculares, junto con otros factores de riesgo. Además de la cantidad de sueño, también el tiempo de sueño y la vigilia es importante para el correcto funcionamiento del cuerpo, y pudiendo, sueños a destiempo, conducir a la desincronización de los relojes periféricos y del reloj maestro en el cerebro, provocando un aumento en el riesgo de enfermedades metabólicas.

- ¿Qué se está estudiando en el Team Sleep Helsinki?
En el Team Sleep Helsinki (grupo de investigación Tarja Porkka-Heiskanen) en la Universidad de Helsinki, estudiamos los mecanismos moleculares de la regulación del sueño y la vigilia. También estamos interesados en los efectos de la pérdida de sueño, especialmente en relación con la depresión y –por otro lado– en los sistemas periféricos.

En mi proyecto de tesis doctoral, me estoy centrando en los efectos de la pérdida acumulada de sueño sobre el sistema inmunológico y el metabolismo de los lípidos.

Desde aquí mi agradecimiento a Dª Vilma Aho, biocientífica, investigadora del Equipo del Sueño de Helsinki, Instituto de Biomedicina, Universidad de Helsinki (Finlandia), por habernos acercado a la importancia del sueño.

CAPÍTULO 9. TASA DE REGENERACIÓN CELULAR

Quizás uno de los fenómenos menos evidentes que se producen cíclicamente en el organismo y sin el cual no se podría sobrevivir es el de la regeneración celular, que consiste en la creación de nuevas células que van sustituyendo a las antiguas, es decir el cuerpo va autoreparándose con la generación de nuevas células que reemplazan a las anteriores que ya han acabado su ciclo de vida.

Éste proceso que se puede observar en todos los seres vivos de la naturaleza, se repite ininterrumpidamente desde el nacimiento hasta el final de la vida, aunque su velocidad de regeneración irá siendo cada vez más lenta a medida que se envejece.

Las nuevas células se van a producir tanto en tejidos externos, pelo, uñas, piel; como internos, mucosas, músculos, huesos y sangre; produciéndose una renovación de todas las células del organismo aproximadamente cada 7 o 10 años.

Cada tipo de célula se va a regenerar a una velocidad diferente, siendo los tejidos externos los que lo realizan más rápidamente que los internos. Así la epidermis, la capa más superficial de la piel, se renueva cada treinta días; mientras que las células rojas de la sangre cada ciento veinte días y las del hígado cada trescientos a quinientos días.

Hasta hace relativamente poco se creía que en el cuerpo únicamente había dos tipos de células que no se regeneraban en el organismo, las neuronas del cerebro y las células cardíacas del corazón.

Hace poco se ha descubierto que ambas se regeneran, pero a una velocidad muy inferior al resto, lo que abre nuevas vías de investigación que poder aplicar en la recuperación de pacientes que han sufrido un infarto de miocardio, en el caso del corazón; o con lesiones cerebrales o enfermedades neurodegenerativas como el Alzheimer, en el caso del cerebro.

Pero todavía queda mucho para ello, pues aún se ha de superar una pequeña pero importante traba, lo limitado de los telómeros, los cuales son los extremos de los cromosomas; que parecen marcar el destino desde el mismo momento del nacimiento, tal y como lo señala un estudio realizado por la Facultad de Ciencias Biológicas, Universidad de East Anglia (Inglaterra), cuyos resultados han sido publicados en la revista científica Molecular Ecology.

Los autores del estudio han demostrado cómo la longitud de los telómeros está relacionada con la esperanza de vida de la persona; así un telómero más corto, está relacionado con un mayor riesgo de muerte prematura.

Esta longitud del telómero viene determinado desde el momento del nacimiento por lo que se puede llegar a afirmar que estamos programados para morir.

Algo similar a lo que les sucede a los aparatos eléctricos, que de fábrica vienen pre-programados para durar un determinado tiempo, después del cual dicho programa interno provoca el mal funcionamiento de alguno de sus componentes y al final, que el aparato deje de funcionar por completo.

Esto es conocido como muerte tecnológica programada u obsolescencia programada, una práctica extendida, cuyo único objetivo es el de obligar a la persona que estaba disfrutando de ese aparato con fecha de caducidad, ya sea un vehículo o un electrodoméstico, a que se compren uno nuevo.

Siguiendo esta analogía, se puede afirmar que el cuerpo tiene la capacidad de vivir muchos más años de lo que lo hacemos. Esto es precisamente por lo que algunos autores han defendido que la naturaleza fija la fecha de caducidad desde el momento del nacimiento, y que, si se alargase dicho proceso, podría continuar hasta los 150 años.

Los motivos, o la causa de esa "muerte prematura programada", todavía son un misterio, una posible explicación puede ser, que la naturaleza quiere preservar un equilibrio entre las especies, fijándoles así un fin que les haga sostenibles.

Guerras, epidemias, u otras catástrofes sesgan las vidas de personas a diario, pero estas no cumplirían el "plan" que podría haberles llevado a vivir 20 o 40 años más.

Pero si hablamos de regeneración celular, hay que resaltar uno de los fenómenos más llamativos en la naturaleza para los neurólogos, es lo que se considera como muerte neuronal programada denominado apoptosis, un fenómeno de selección natural por el cual se pasa de tener cien mil neuronas a sólo unos miles. Un mecanismo por el que se eliminan todas aquellas neuronas que en su momento no consiguieron un contacto, es decir establecer conexiones con otras para formar parte de la gran red que es el cerebro, así las neuronas potenciales que podían haber sido parte de algo pero que no lo son, se eliminan.

Incluir la muerte neuronal programada es un claro ejemplo de cómo la naturaleza puede eliminar aquello que estima innecesario, en el caso de los niños pequeños, se activa ésta eliminación selectiva de todas aquellas neuronas que no han sido conectadas.

Un proceso de pérdida neuronal, en la etapa adulta, se produce de forma natural. Aquellas neuronas que no reciben contactos de otras, están menos alimentadas, que las que funcionan habitualmente, no participando ni de las conexiones ni de los mensajes que se reciben y transmiten a través de estas.

En la muerte programada, se activa una encima que va a eliminar a todos aquellos no conectados con otras neuronas.

Algunos autores han llegado a plantear que algunas enfermedades, como la del Alzheimer, se pudiesen deber a una activación inadecuada de dicho proceso, lo que implicaría una destrucción indiscriminada a nivel neuronal.

Otros autores, afirman que lo que se produce en determinadas demencias, es precisamente el crecimiento incontrolado de determinadas células que ocupan los espacios ínter-neuronales, produciendo daños entre las conexiones, y cuyo crecimiento excesivo provoca la muerte de las neuronas de alrededor.

Aunque si bien hasta ahora hemos hablado de una tasa de regeneración celular regular, según el tipo de célula y dónde se sitúe en el organismo, siendo los de menor tasa de reposición las neuronas y las células del corazón, si bien este es el proceso natural, este puede verse alterado, acortando la vida celular debido a lo que se conoce como estrés oxidativo.

El estrés es un elemento psicológico, donde la persona siente una demanda continua y por encima de sus capacidades, lo que tiene una repercusión directa en el organismo a través de la hormona del estrés denominada cortisol, producida por la glándula suprarrenal y que si se mantiene mucho tiempo en el organismo va a facilitar la aparición de problemas físicos, entre los que se encontrarían algunas de las enfermedades psicosomáticas, como en el caso de las úlceras.

Dentro de las psicoterapias, es habitual el empleo de técnicas de relajación, visualización positiva y respiración, encaminadas a proporcionar a la persona herramientas suficientes con las que combatir los niveles de estrés diarios, y por tanto que no llegue a desencadenar una enfermedad en el organismo.

Pero el concepto de estrés no se circunscribe únicamente al ámbito psicológico, ya que desde hace unos años se ha empezado a utilizar el denominado estrés oxidativo, el cual hace referencia a un desequilibrio celular en el procesamiento del oxígeno, que provoca un envejecimiento prematuro de las células. Entre las nocivas consecuencias del estrés oxidativo está asociado a la diabetes, cáncer, enfermedades cardiovasculares e incluso Párkinson.

Además, el estrés oxidativo está asociado también con determinadas alteraciones psicológicas como los trastornos afectivos, de ansiedad o alimentación, e incluso con la esquizofrenia. Igualmente se ha observado mayores niveles de dependencia a sustancias especialmente a alcohol u opioides.

El origen del estrés oxidativo es diverso, y a veces difícil de concretar, hablándose del nivel de vida, el sedentarismo, el nivel de ansiedad de las personas, pero también de agentes externos como la radiactividad, o el sol.

Desde hace tiempo que se conoce la relación entre el puesto de trabajo y las enfermedades, de hecho, las que son provocadas por éste se denominan enfermedades profesionales, y a ellas están expuestos todas las personas que trabajan en ese sector independientemente del país en donde se encuentre.

Especialmente sensible es el personal sanitario que trabaja con pacientes, pero entre ellos el grupo más sobreexpuesto a modificaciones en el A.D.N. es el personal de radiología, entonces ¿Es este personal el más expuesto al estrés oxidativo?

Esto es precisamente lo que se ha investigado conjuntamente desde el Departamento de Biología, Universidad Payame Noor; la Facultad de Farmacia, y el Centro de Investigación Farmacéutico, Universidad de Ciencias Médicas de Teherán y la Universidad Islámica de Azad (Irán), cuyos resultados han sido publicados en la revista científica Health.

En el estudio participaron cuarenta y siete personas, de los cuales veintiocho eran mujeres, todos eran del personal de radiología de un hospital, los cuales debían carecer de experiencia con alcohol u otras drogas, ni sufrir enfermedades como el cáncer, diabetes, trastornos respiratorios, del corazón o de la tiroides.

Igualmente, durante los 12 meses previos no debían de haber trabajado en el departamento de radiología, para comprobarlo se les realizó un análisis de estrés de oxidación, medida que sería utilizada para la comparación.

Después de 2 años de trabajo del personal se les volvió a tomar medidas, tanto del estrés de oxidación, como de la salud física y mental para comprobar los efectos de la exposición "laboral" a los rayos X en un ambiente controlado como es el clínico.

Los resultados informan que, a mayores niveles de estrés oxidativo, mayor afectación en la memoria verbal, en la atención selectiva, en la iniciativa de la persona y la velocidad psicomotora.

Se observaron diferencias hombre-mujer a la hora de presentar trastornos de somatización, de depresión mayor y de ansiedad, siendo en los tres casos más elevados en mujeres que en hombres.

Entre las limitaciones del estudio está el no saber cuál es la cantidad de exposición a rayos X que ha recibido cada uno, presuponiendo que es la misma.

Sobre las diferencias entre a afectación entre hombres y mujeres pueden ser explicables por la mayor implicación emocional del cerebro emocional en el comportamiento de las mujeres ya expuesto por investigaciones anteriores.

El estudio presta una especial atención a un personal sensible que a pesar de las medidas de prevención y seguridad en el trabajo siguen sufriendo todo tipo de "males", ya sean físicos como psicológicos debidos al estrés oxidante.

Tal y como se ha comentado, el estrés oxidativo se ha visto previamente en el envejecimiento normal pero también en distintas psicopatologías, aunque no está claro el papel en el Alzheimer.

Aunque las causas pueden ser variadas para provocar el estrés oxidativo, al igual que las consecuencias que sobre la salud tienen, se ha comprobado que está relacionado con un empeoramiento de la salud. Uno de los índices significativos de la presencia de estrés oxidativo es el nivel de homocisteína en plasma, un aminoácido azufrado considerado como uno de los mayores índices del daño celular neuronal, relacionado también con la vitamina B12.

Uno de los problemas del Alzheimer es la diferenciación de las disminuciones en las funciones físicas y psicológicas independientes de la edad.

La vejez conlleva una reducción paulatina de habilidades, lo que coincide con los efectos de esta enfermedad que se presenta en pacientes de edad avanzada.

Es por ello que se trata de buscar algún índice que sea capaz de distinguir entre lo normal y lo patológico, con lo que poder establecer un diagnóstico más acertado, pero también para poder diseñar fármacos que puedan frenar el avance de la enfermedad de Alzheimer e incluso poder revertir sus efectos.

Uno de los mejores candidatos para esto, es precisamente el estrés oxidativo, ya que está presente en diversas patologías degenerativas, entonces, ¿Está relacionado el estrés oxidativo con el Alzheimer?

Esto es precisamente lo que tratan de averiguar desde el Departamento de Geriatría, Centro de Salud Mental Qingdao (China) cuyos resultados han sido publicados en la revista científica BioMed Research International.

En el estudio participaron cuarenta pacientes con Alzheimer sin síntomas, treinta y siete pacientes con diagnóstico de la enfermedad de Alzheimer con síntomas conductuales y psicológicos, y como grupo control treinta y nueve personas de la misma edad, pero sin dicha enfermedad.

A todos ellos se les realizó un análisis de sangre para buscar los distintos niveles de homocisteína en plasma, como factor determinante del estrés oxidativo.

Los resultados muestran diferencias significativas en los niveles de homocisteína en plasma entre los pacientes con Alzheimer frente al grupo control, igualmente los pacientes con síntomas conductuales y psicológicos mostraron mayores niveles de homocisteína en plasma.

Estas diferencias significativas relacionan el estrés oxidativo con una disminución de capacidades psicológicas.

Los resultados son importantes, pero todavía no queda claro si estas diferencias pueden explicar el avance de la enfermedad, de cualquier forma, es un factor más que hay que considerar a la hora de preparar un tratamiento farmacológico que combata sus efectos.

La tasa de regeneración celular se ve también alterado cuando hace su aparición el cáncer. Un reciente estudio relaciona la sobreactivación del sistema endocrino y en concreto de las glándulas suprarrenales, relacionadas con el estrés, con la aparición del cáncer.

Ya no sólo estamos hablando de que el cáncer pueda provenir del estrés oxidativa, tal y como se acaba de comentar, sino que incluso del estrés psicológico, sobre todo cuando este se convierte en crónico.

Para entender las implicaciones de las glándulas suprarrenales en el sistema endocrino, hay que recordar que éste se distribuye por el organismo, y está implicado en muchas funciones, pero cuando mal funciona puede desencadenar en una rotura del ritmo de división celular, y con ello en la aparición de células cancerígenas.

Así se ha observado que estas células son morfológicamente iguales al resto, pero con una única característica diferenciadora, y es que se dividen, copiándose así mismas una y otra vez sin descanso.

Lo que hace, que en "poco tiempo" se pueda haber extendido a tejidos u órganos próximos, y todo ello por romper el ciclo natural de división celular.

Entre el sistema endocrino está la hipófisis o pituitaria y la pineal, en el cerebro, pero también se puede encontrar en otras localizaciones, las tiroides, el páncreas, el timo, los ovarios en las mujeres y testículos en los hombres, y las glándulas suprarrenales. A continuación, vamos a ver cada uno de estos y los efectos de su disfunción:

- El hipotálamo, tiene un efecto "iniciador" del estrés con la producción de C.H.R. lo que conducirá a la liberación de Cortisol en el cuerpo, pero además, va a producir hormonas reguladoras de otras glándulas endocrinas, como la dopamina que inhibe la prolactina inhibiendo así la producción de leche materna; la hormona liberadora de tirotropina, que estimula su producción por parte de las tiroides; hormona liberadora de somatrotropina, que facilita el crecimiento; la oxitocina que facilita el parto y la lactancia materna; y la vasopresina que promueve la absorción de líquidos en sangre. Un mal funcionamiento va a afectar a muchos órdenes del organismo, con los que comunica, transmitiendo así disfunciones al resto.

- La hipófisis o pituitaria, libera hormonas que activan la producción de hormonas por parte de otras glándulas, la A.C.T.H. (AdrenoCorticoTropina) que va a facilitar la producción de cortisol por parte de las glándulas suprarrenales, como ya se ha visto; la tirotropina que va a estimular la absorción de yodo por parte de las tiroides.

Además, va a producir la hormona del crecimiento, que facilita el crecimiento celular; hormona luteinizante, que estimula la ovulación; la prolactina, que facilita la producción de leche materna; la oxitocina, que favorece la contracción uterina durante el parto y facilita la lactancia; la vasopresina, que estimula la absorción de agua del organismo.

A mayor número de funciones, mayor es el "daño" que se produce en el organismo cuando éste órgano deja de funcionar correctamente, cuando se ve afectado y se produce una disminución en su actividad se denomina hipopituitarismo, que se suele "expresar" en el incorrecto desempeño de las funciones de los órganos asociados, como la tiroides o las suprarrenales.

- La glándula pineal, principalmente produce la hormona melatonina, implicada en el sistema inmune, el ritmo cardíaco, así como en el ciclo del sueño. Su deficiencia provoca insomnio, depresión y aceleración del envejecimiento.

- Las tiroides, secretan tiroxina y triyodotironina, las cuales cumplen una función de regulación del crecimiento, maduración de órganos, así como del estado de alerta físico y mental. La ausencia de tiroxina en el organismo puede producir cretinismo, lo cual implica retraso mental y físico, con escaso crecimiento, o enanismo, con rasgos menos acentuados, pero con un retraso evidente en el crecimiento.

El hipotiroidismo por su parte produce pérdida de memoria y cansancio, pérdida de peso, y elevados niveles de colesterol, entre otros.

- El páncreas, segrega al duodeno insulina y glutagón, el primero empleado para metabolizar hidratos de carbono, proteínas y grasas, favoreciendo la formación de grasa (almacenando reservas); el glutagón, aumenta los niveles de azúcar en sangre, al liberar glucosa del hígado. La falta de producción de la insulina por parte del páncreas va a desencadenar en diabetes.

- El timo, produce hormonas, la timolina, la timopoyetina y la timosina, implicadas en la maduración de los linfocitos T, que son células del sistema inmune del organismo, cuya disfunción afecta al normal desempeño del sistema defensivo, facilitando las infecciones y pudiendo desencadenar enfermedades autoinmunes, como la miastenia, caracterizada por una debilidad y fatiga musculo-esquelético, lo que provoca marcha inestable e irregular, dificultad para tragar y respirar, y trastornos del habla, entre otros.

- Los ovarios, productores de estrógenos, precisos para la formación de los caracteres secundarios femeninos, la distribución de grasas, amplitud de la pelvis, crecimiento de mamas y bello; igualmente producen progesterona, cuya función está relacionada con la menstruación y la preparación del cuerpo para la gestación y el parto. Su disfunción va a acarrear alteraciones en el ciclo menstrual, dolor de cabeza, estreñimiento, depresión y trastornos del sueño.

- Los testículos, productores de andrógenos, encargados del desarrollo de los caracteres sexuales secundarios en los hombres, además de producir gametos masculinos, denominados espermatozoides. Su alteración puede llevar a desequilibrios hormonales, disfunción sexual e infertilidad.

- Las glándulas suprarrenales, producen cortisol denominado también la hormona del estrés, además de estrógenos, progesterona, esteroides, cortisona, adrenalina, noreprefina y dopamina.

Un estudio del Departamento Pediátrico, División de Biología Pulmonar y Vascular, junto con el Departamento de Ciencias Clínicas, el Departamento de Genética Molecular, el Departamento de Farmacología, y el Departamento de Surgery, Centro Médico de la Universidad Southwestern de Texas (EE.UU.) cuyos resultados han sido publicados en la revista científica en Cell Reports, ha relacionado la actividad de las glándulas suprarrenales con la posibilidad de padecer cáncer de mama.

Si hasta ahora se conocía la relación existente con los niveles elevados de estrógenos, éste estudio afirma que el aumento en la producción de colesterol estimula el cáncer de mama, debido a un metabolito del colesterol llamado 27HC.

Esta investigación abre nuevas vías de intervención, explicando en parte la escasa eficacia de los tratamientos endocrinos aplicados en el caso del cáncer de mama hasta el momento.

Aunque el descubrimiento trata únicamente de las implicaciones farmacológicas, es evidente que el colesterol se produce en situaciones de estrés, por lo que complementario a dichos tratamientos sería conveniente realizar el oportuno entrenamiento en técnicas de control y manejo del estrés, para reducir los niveles de colesterol y con ello la posibilidad de padecer cáncer de mama, y en caso de estar padeciéndolo, enlentecer su desarrollo y extensión.

Pero si hasta ahora hemos hablado del origen del cáncer, también hay que hablar sobre los factores que están implicados en su cura, entonces, ¿Tienen las emociones algún papel en la cura del cáncer?

El conocimiento de la relación entre el cuerpo y la mente viene ya desde tiempo antiguos, de los griegos. Recientemente se ha descubierto que existe un circuito que conecta ambos a través del sistema P.N.I.E. (PsicoNeuroInmunoEndocronologíco), en el que se conecta lo psicológico, con lo neuronal, con el sistema inmune y el endocrino; por el cual, la alteración de un sistema va a afectar a los otros.

Igualmente, para poder curar a la persona, no basta con realizar una intervención específica en el sistema dañado o implicado, si no que desde la perspectiva de la medicina psicosomática se defiende que se debe realizar una intervención global desde distintos sistemas, de forma que se refuerce el organismo y le ayude así a afrontar el tratamiento y a mejorar la salud, pero ¿Cuál es el papel del estrés en la cura del cáncer?

Esto es lo trata de averiguarse desde el Departamento de Ciencias Sociales y Humanas, junto con el Departamento de Economía, Empresa y Ciencias Ambientales junto con el Departamento de Métodos Cuantitativos, División de Matemáticas y Estadística, y el Departamento de Ciencias Jurídicas e Historia Institucional, Universidad de Messina (Italia) cuyos resultados se han publicado en la revista científica Procedia - Social and Behavioral Sciences.

En el estudio participaron ciento setenta y cinco pacientes de cáncer, de los cuales ciento cuarenta y una eran mujeres, todos ellos recibiendo quimioterapia como tratamiento del mismo. El 46% con cáncer de mama, el 30% con cáncer colorrectal y el 24% no especificado.

Se empleó un cuestionario estandarizado para evaluar las metacogniciones, es decir, los pensamientos e ideas sobre algo, que son determinantes para el nivel de estrés; si se tiene una idea correcta del tratamiento y sus consecuencias, el nivel de estrés es menor, que si no se tiene; evaluado a través del M.C.Q.-30 (Metacognitions Questionnaire-30) adaptado al italiano.

Igualmente se empleó una escala de autoevaluación estandarizada, el Hospital Anxiety and Depression Scale, para evaluar tanto el nivel de estrés como de depresión de los pacientes.

Los resultados muestran una relación negativa significativa entre las metacogniciones y los niveles de estrés y depresión, estos son, a menor claridad con respecto a la información del tratamiento y sus consecuencias, mayores niveles de estrés y depresión.

Tal y como sugieren los autores del estudio, con estos resultados parece claro que se ha de dar un papel primordial a los aspectos psicológicos, a la hora de afrontar el tratamiento del cáncer, para facilitar así una mayor eficacia del mismo.

Una de las limitaciones del estudio, es que únicamente realizaron medidas de autoevaluación, donde la persona opina sobre sí misma, medidas que podrían ser complementadas para aumentar su validez, junto con evaluaciones de la percepción por parte de familiares o de los profesionales de la salud que le atienden.

Aunque los datos no tienen por qué cambiar, en el análisis podrían haberse separado los resultados en función del tipo de cáncer que se padece, o a través del género del paciente, información que no ha sido tenido en cuenta.

Igualmente, el estudio no plantea el tipo de intervención a realizar, ni tampoco lo evalúa, luego es necesario nueva investigación al respecto para conocer cómo mejorar el tratamiento en pacientes oncológicos, a través de la intervención en los aspectos psicológicos de la persona.

A la vista de los resultados, se esperaría que, en cada unidad de tratamiento del cáncer, ya sea mediante quimioterapia o a través de otro medio, estuviese presente un psicólogo que diese apoyo y que resolviese las dudas de las personas y sus familiares.

Al respecto se ha avanzado mucho desde los hospitales y centros de salud, al incorporar a psicooncólogos, los cuales son psicólogos especializados en el tratamiento de este tipo de pacientes, debido a que resultados como los presentes han ido haciendo cada vez más necesaria su presencia.

Tal y como se comentó en la introducción, desde la medicina psicosomática se concibe a la persona como un ser global, cuyos sistemas están interrelacionados, y donde se requiere de una intervención desde distintas áreas para reforzar y mejorar la salud, como en este caso, interviniendo sobre el estrés en la cura del cáncer.

CONCLUSIÓN

La cronobiología es la ciencia que estudia los ciclos biológicos y dentro del ámbito humano, estudia los movimientos cíclicos del sueño, de los músculos lisos o las hormonas.

Por lo que se pasó de la cronología, que es el estudio de cómo afecta el transcurso del tiempo en los seres vivos, de mediados de la década de los sesenta del siglo pasado, evolucionó en al estudio de la cronobiología, para tratar de descubrir cómo se producían determinados fenómenos, cíclicamente en los organismos.

No se tardó más de 10 años en que ese interés se ampliase a la cronobiología médica, cuyo fin era averiguar cómo evolucionaban las enfermedades, cuál era su ciclo de propagación y de mortalidad.

Una rama de la ciencia que ha ido aportando información muy valiosa para la lucha contra las enfermedades, que ha dado como fruto el conocer que en determinados momentos del día es más probable que aparezcan ciertas enfermedades que en otros.

Pero no se quedó el estudio ahí, sino que se amplió al hecho de curar al organismo y se comprobó cómo el sistema inmunológico también actúa cíclicamente, con lo que se ha ido trabajando en la actualidad, para comprender cómo hacer para que interactúe ese ciclo de defensa del organismo con los medicamentos que se administran.

Por ello cuando vamos al especialista, éste prescribe el medicamento, indicándonos las dosis diarias y el momento de su administración, por ejemplo, "Tómese una cada 12 horas", o "Tómese una antes de cada comida", buscando con ello aumentar el efecto del medicamento en el organismo ajustándolo mejor a sus ciclos.

Un gran avance en la eficacia de los medicamentos, pues con anterioridad se había encontrado, que algunos no funcionaban con determinadas personas y era precisamente por el momento de la ingesta del mismo, lo que estaba reduciendo su efectividad.

Como vemos se trata de una rama joven de la ciencia, pero muy prometedora en cuanto a al conocimiento que puede aportar y los beneficios que se espera conlleve a los pacientes.

SOBRE JUAN MOISÉS DE LA SERNA

Es Doctor en Psicología, Master en Neurociencias y Biología del Comportamiento, y Especialista en Hipnosis Clínica, reconocido por el International Biographical Center (Cambridge - U.K.) como uno de los cien mejores profesionales de la salud del mundo del 2010. Desarrollando su labor docente en distintas universidades nacionales e internacionales.

Divulgador científico con participación en congresos, jornadas y seminarios; colaborador en diversos periódicos, medios digitales y programas de radio; autor del blog "Cátedra Abierta de Psicología y Neurociencias" y de diecisiete libros sobre diversas temáticas.

Actualmente desarrolla su labor de investigación en el ámbito del Big Data aplicado a la Salud, para lo cual trabaja con datos provenientes de la India, EE.UU. o Canadá entre otros; labor que complementa con la asesoría a Startups tecnológicas orientadas a la Psicología y el Bienestar personal.